AF467400

A LA MÉMOIRE VÉNÉRÉE

DE

J.-M. SERVANT

Curé de Saint-Georges, à Lyon,
Chanoine de la Primatiale,
Chevalier de la Légion d'honneur.

NOTES ET ÉTUDE BIOGRAPHIQUES

SUR SA VIE ET SON MINISTÈRE

à Saint-Georges.

Heureux les doux,
Heureux les miséricordieux !

SAINT-MATHIEU, V, 4.

Seigneur, j'ai aimé la magnificence de votre maison.

PSAUME XXV, 8.

Se vend au profit du Monument qui renfermera le cœur de M. SERVANT

256

L27n 37152

TOUS DROITS RÉSERVÉS

BIOGRAPHIE

DE

J.-M. SERVANT

Curé de Saint-Georges

Ln 27
37152

MONSIEUR J.M. SERVANT

CURÉ DE SAINT GEORGES A LYON

CHANOINE D'HONNEUR DE LA PRIMATIALE

CHEVALIER DE LA LÉGION D'HONNEUR

Phototypie *3, rue de l'Echelle*

A LA MÉMOIRE VÉNÉRÉE

DE

J.-M. SERVANT

Curé de Saint-Georges, à Lyon,
Chanoine de la Primatiale,
Chevalier de la Légion d'honneur.

NOTES ET ÉTUDE BIOGRAPHIQUES

SUR SA VIE ET SON MINISTÈRE

à Saint-Georges.

Heureux les doux,
Heureux les miséricordieux !
SAINT-MATHIEU, V, 4.

Seigneur, j'ai aimé la
magnificence de votre maison.
PSAUME XXV, 8.

Se vend au profit du Monument qui renfermera le cœur de M. SERVANT

LYON
IMPRIMERIE A. ALRICY
5, *Cours Lafayette*, 5

1887.

TOUS DROITS RÉSERVÉS

SOMMAIRE

SOUS LE PATRONAGE BIENVEILLANT DE MM. LES CURÉS DE LYON,
ET COMME HOMMAGE A LEURS VERTUS.

DÉDICACE

Chers Paroissiens de Saint-Georges,

Bien-aimés Confrères de la Bonne-Mort.

Laissez-nous vous dédier, en vous les confiant, ces quelques pages rapides, écrites en mémoire de notre ancien Curé et Directeur défunt. C'est parce que nous connaissons, et partageons en même temps, votre attachement pieux à cette mémoire bénie, que nous avons cédé au désir excusable sans doute, puisqu'il est filial, de retracer ici quelques-uns des traits de la douce figure d'un père qui n'est plus.

Toutefois, nous n'aurions pas osé livrer à la publicité cette communication de nos réunions intimes sans les encouragements de celui qui succède à ce bon père et, qui doit à son tour porter ce titre parmi nous.

C'est sous ses auspices que nous vous présentons ces pages modestes, et que nous espérons pour elles votre bienveillant accueil.

Elles diront d'abord les vertus de celui qui nous a tant aimés, et qui s'est dévoué à nous pendant cinquante-cinq ans; mais elles diront également ce que vous lui avez rendu, en échange, d'estime, d'amour et de docilité.

Heureuses les paroisses qui sont de véritables familles, quand elles répondent à la tendresse paternelle de leur pasteur!... elles trouvent là, dans tous leurs besoins, et à tous les rangs dont elles se composent, le véritable secours et les meilleures consolations d'ici-bas. N'est-ce pas ce que pensait avec raison et désirait si saintement le père bien-aimé que vous pleurez? Ces pensées et ces sentiments sont les sentiments mêmes de votre nouveau pasteur. C'est pour favoriser ces pensées salutaires qu'il a encouragé cet humble essai biographique; il a jugé qu'en les rappelant dans cet affectueux récit, nous pourrions peut-être contribuer à ce rapprochement béni qui, en rattachant le cœur d'un père au cœur de ses enfants, fournit au premier la facilité d'un plus grand bien, et à ceux-ci un plus grand profit spirituel.

De plus, et si, selon le désir de notre nouveau curé, ces quelques pages doivent vous intéresser, il arrivera que dans ce rapprochement et dans ce pieux contact avec l'âme d'un saint, vous-mêmes, à votre tour, vous deviendrez plus saints encore ; c'est-à-dire, plus courageux et plus fidèles dans les luttes d'ici-bas, plus dignes de la palme glorieuse, plus dignes enfin de la récompense qui doit nous donner Dieu Lui-même et qu'il faut à tout prix mériter.

Béni soit ce Dieu trois fois saint, qui voudra sans doute utiliser pour sa gloire et pour votre bonheur ce pieux travail, ce filial souvenir d'un paroissien de Saint-Georges ! il nous sera bien doux, chers frères en J.-C., d'avoir pu, grâce à ce souvenir surtout, et aux encouragements de notre nouveau pasteur, vous plaire en cette circonstance, et répandre quelque bonne semence dans l'excellent terrain de vos cœurs !

Le Secrétaire de la Confrérie.

J. C.

NOTES ET ETUDE BIOGRAPHIQUES

sur la vie et le ministère

de Mr J.-M. SERVANT, Curé de Saint-Georges,

lues dans l'Assemblée générale de la Confrérie de la Bonne-Mort, le 26 décembre 1886.

INTRODUCTION

Monsieur le Curé,

Il y a quelques jours à peine, l'autorité ecclésiastique vous installait curé et comme père de cette antique paroisse de Lyon, placée sous le patronage du glorieux saint Georges.* Vous remplacez ici notre regretté curé, Monsieur le Chanoine SERVANT, qui fut pour cette paroisse, et cela pendant cinquante-cinq ans, le meilleur des pères, un pasteur accompli, donnant, comme le divin Maître, à chaque jour de sa longue existence, son cœur et sa vie pour ses brebis : nous, ses enfants de prédilection, nous le pleurons bien justement après l'avoir perdu.

C'était vraiment un saint ** et il en méritait le nom ; ses vertus lui ont valu certainement la gloire des

* Monsieur l'abbé BERJON, curé de Charbonnières, fut nommé en remplacement de M. SERVANT et lui succéda le 19 décembre 1886.

** Cette expression et les semblables nous sont personnelles ; elles ne préjugent en rien les décisions souveraines de l'Eglise.

élus; mais en même temps elles ont jeté un éclat tout particulier sur cette intéressante paroisse que vous allez diriger. Le seul fait de succéder à un prêtre aussi distingué, indique assez, Monsieur le Curé, toute l'estime qu'a su conquérir son successeur et que nous devons avoir pour lui ; mais si le choix de l'autorité ecclésiastique nous fait connaître la valeur du pasteur que nous saluons en ce moment, nous savons aussi par la renommée tout le dévouement dont son cœur est capable. Le ministère que vous venez d'exercer aux portes mêmes de la ville offrait de véritables difficultés; vous en avez triomphé, grâce à Dieu et grâce aux qualités de votre excellent cœur : le Ciel vous préparait ainsi à des fonctions plus hautes et à un apostolat plus étendu !

Permettez donc, Monsieur le Curé, à cette assemblée qui vous entoure, et qui sans doute ne sera pas la moins dévouée, ni la moins chère de votre troupeau, de vous saluer avec des sentiments de profond respect et de joie toute chrétienne ; ainsi s'adoucit pour nous en ce moment, l'amertume bien légitime que nous a fait éprouver la perte du vénéré Curé de cette paroisse, et du bien-aimé Directeur de notre Association.

Monsieur le Curé, au moment où vous prenez la direction de notre importante confrérie, et où, pour la première fois, nous nous pressons autour de vous, laissez-nous vous dire qu'il est d'usage, dans cette réunion annuelle, de relater, au rapport de ce jour, les faits les plus saillants survenus pendant le courant de l'année.

La mort de Monsieur le Curé Servant fut certainement pour nous le fait capital et malheureusement trop douloureux de l'année qui va finir. Nous avons par conséquent le devoir sacré, et ce sera le témoignage de notre filiale gratitude, d'entretenir nos bien chers confrères, de la vie et de la mort si exemplaires du plus zélé des directeurs.

Ce sujet méritait d'être traité par une plume mieux exercée que la nôtre ; veuillez néanmoins, Monsieur le Curé, et vous aussi chers auditeurs et amis, accorder votre indulgente attention à cette rapide esquisse de la vie d'un père et d'un saint. Suppléez à notre insuffisance par vos souvenirs et par vos réflexions personnelles ; et si votre bienveillance ordinaire veut bien nous encourager, peut-être en vous parlant de cet excellent père qui doit rester notre modèle, pourrons-nous vous retracer quelque chose d'une mémoire si chère et si précieuse à garder.

Première Partie

Vie de M. SERVANT, jusqu'à son entrée au Grand Séminaire

Naissance. — Baptême de M. Servant. Education maternelle.

Monsieur Jean-Marie Servant naquit à Lyon le 29 fructidor an XI de la République, c'est-à-dire le 29 septembre 1803, de Bathélemy Servant, négociant, rue Tramassac, et de Marie-Elisabeth Ravier, son épouse. Il appartenait par sa naissance à une famille des plus respectables comptant parmi ses membres des commerçants honorables, des magistrats distingués. Il me semble même pouvoir dire que quelqu'un de ses grands parents avait exercé les fonctions d'échevin à Lyon : or, l'on sait tout ce que ces hautes fonctions exigeaient de nobles traditions dans une famille.

Quoiqu'il en soit, baptisé au lendemain de sa naissance, au sortir même de la grande Révolution, il conservera intacte, du sacrement régénérateur l'innocence baptismale qu'il y reçut, et qui, au dire d'une voix très autorisée, ne disparut jamais de cette âme d'élite. Il rapportera ensuite de son éducation première, au sein d'une famille franchement chrétienne, une rare fermeté de caractère qui s'alliera à la plus exquise sensibilité, et tels seront les points de départ de toutes les énergies et de tous les succès de cette longue et sainte existence.

En me reportant à quatre-vingts ans en arrière, à une époque si différente de la nôtre,où les fermes chrétiens d'alors avaient rappelé dans la tourmente révolutionnaire les premiers âges de l'Eglise chrétienne, il me semble voir ses excellents parrain et marraine remettre avec joie, comme autrefois Anne et Siméon, dans les mains de sa vertueuse mère, l'enfant qu'ils ont présenté à Dieu. Ils viennent de répondre pour lui sur les fonts baptismaux; mais en le confiant à une affection maternelle aussi chrétienne qu'éclairée, ils n'ont pas à craindre que l'enfant n'arrive comme tant d'autres, à dévier des engagements sacrés qu'ils ont contractés en sa faveur.

Cette heureuse mère, cette noble femme comprit toute la gloire et la responsabilité qui se trouve pour une mère dans l'éducation de son enfant. Elle pensait avec raison que celui-ci est presque toujours ce que l'a fait l'éducation maternelle : molle et naturelle, cette éducation ne produira qu'un homme vulgaire et sans portée; généreuse au contraire, c'est-à-dire chrétienne, l'enfant sortira de là pour arriver jusqu'aux sommets les plus élevés. Qu'on regarde, en effet, à la base des existences illustres, on y verra presque toujours l'éducation d'une bonne mère. On pourra, sans doute, travailler sur ce premier fonds et y ajouter sans cesse; on pourra même plus tard y revenir pour le restaurer; mais le suppléer, s'il a fait défaut d'abord, cela est impossible, ou à peu près.

Heureuse fut-elle donc cette mère vénérable en recevant le dépôt sacré que Dieu lui confiait; mais plus heureuse fut-elle ensuite quand elle put voir se produire chez son enfant les fruits admirables de ses exemples et de ses leçons.

Dès l'abord, sans doute, elle cherche à percer le voile de l'avenir. Elle voudrait deviner la destinée du fils que Dieu lui a confié. N'est-ce pas là le rêve de toutes les mères? Mais si, saintement ambitieuse pour son cher Jean-Marie d'une vie utile et irréprochable, elle ne peut prévoir tout à fait l'avenir qu'elle va lui préparer, son humble prière demandera du moins au Seigneur de bénir, et de faire digne de lui, la destinée de ce bien-aimé fils. Oui, bonne mère, oui, elle fut bénie cette destinée, comme vous l'aviez demandé et comme vous le méritiez; et si Dieu, faisant une exception en votre faveur, vous eût montré ce que nous avons à louer aujourd'hui, vous eussiez vu cet enfant de prédilection, reproduisant la piété d'un Louis de Gonzague, communier pour la première fois avec toute la grâce d'une innocence angélique; vous l'eussiez vu, comme vous le vîtes plus tard, traversant le monde, sans y entacher sa robe baptismale, se détourner des faux plaisirs d'ici-bas, et, malgré leurs attraits séducteurs, faire à Dieu le sacrifice tout entier de lui-même dans le saint état du sacerdoce ; vous l'eussiez vu, vivante image du bon Maître, s'immoler avec joie au bonheur de son troupeau ; puis, nouveau David, préparer les matériaux d'un temple magnifique destiné à glorifier le Seigneur ; plus heureux ensuite que le Roi de Juda, avoir la consolation de l'achever et d'en faire l'heureuse dédicace. Voilà, digne mère, le spectacle que vous aurait donné cet élu du Seigneur.

Vous eussiez vu encore, pour votre propre gloire, que ce fils vénéré, après avoir été la consolation et l'honneur de son peuple ; après avoir décuplé le talent reçu d'en haut, et acquis cette estime générale qui présage l'estime même de Dieu ; après avoir enrichi de mérites une vie de plus de quatre-vingts ans, s'endormirait dans la paix du Seigneur, couronnant ainsi par une sainte mort cette sainte vie de chrétien et de prêtre, dont il vous devait le principe.

C'est là, Messieurs, ce qu'aurait pu connaître cette bonne mère et ce que nous avons à vous dire aujourd'hui avec quelques détails.

Ces détails d'une vie aussi longue, que vertueuse et exemplaire, nous ne pouvons vous les donner que bien succinctement ; mais tels que nous vous les présentons, ils vous intéresseront et vous édifieront beaucoup ; nous en avons la douce espérance.

Première communion de M. Servant

Le 4 avril 1816, Jean-Marie Servant, âgé de douze ans et demi fit sa première communion dans l'Eglise de Saint-Pierre à Lyon. Nous pouvons juger à bon droit de la ferveur qu'il y apporta, par les grâces exceptionnelles de piété et les qualités morales dont sa vie toute entière fut ornée. Cet enfant si fidèle à l'impression initiale du baptême dut recevoir son Dieu d'une manière toute particulière dans un cœur aussi bien préparé que le sien. Ce moment solennel où l'homme et Dieu se rencontrent pour la première fois est le point de départ des faveurs les plus décisives ; elles sont en raison directe des dispositions que le Seigneur trouve dans une jeune âme, lorsqu'on a su les y faire naître. La première Communion du jeune Jean-Marie Servant fut très certainement le principe et comme la mesure de cette belle vie sacerdotale que vous avez connue. Jugez donc de la cause par les effets et si cette longue existence fut si riche en vertus, quelle ne dut pas être la ferveur de ce premier communiant.

Mais si nous trouvons là la source première des meilleures effusions de la grâce au profit de Monsieur J.-M. Servant nous pouvons croire, en bonne logique, que, par une admirable disposition de la providence, ce fut aussi, pour l'avenir, la source des plus précieuses bénédictions en faveur de notre chère paroisse de St-Georges.

Le premier effet de cet excellent début dans la vie chrétienne, fut d'affermir de plus en plus le jeune enfant dans une sagesse dont il donnait des marques si précoces et de le rendre chaque jour plus cher à ses parents par son amabilité par son obéissance.

Nous avons sur ce point un renseignement qui confirme toutes nos présomptions; c'est l'affection aussi tendre que respectueuse que témoigna toujours à ce frère plus jeune son frère ainé l'honorable M. Guillaume Servant qui l'a précédé d'un an dans la tombe.

De son côté M. Jean-Marie SERVANT quoique prêtre ou plutôt parce qu'il l'était, et tout honoré qu'il fût de distinctions civiles et ecclésiastiques, ne se lassa jamais de donner à ce frère plus âgé que lui les témoignages édifiants d'une affectueuse et délicate déférence due à la priorité de l'âge. L'un et l'autre échangeaient entre eux, d'une manière vraiment touchante, dans leurs appellations fraternelles, les doux noms des saints patrons que l'Eglise leur avait donnés pour protecteurs et pour modèles au jour même de leur baptême. Comme beaucoup de prêtres et de personnes de cette époque, — le curé d'Ars entr'autres dont M. SERVANT retraçait les vertus à Lyon. — Notre vénéré pasteur avait reçu sur les fonts baptismaux deux noms bien chers à la piété lyonnaise : le nom de Jean et celui de Marie !

Disons encore que l'exquise affabilité de M. l'abbé SERVANT pour les siens, il savait aussi *la prodiguer à tous ceux qui l'entouraient* ou qui l'abordaient. Pour ce vrai disciple du Christ tout homme était un frère et l'on pouvait se croire le privilégié de ce cœur excellent en voyant la grâce et l'ineffable sourire avec lequel il savait vous accueillir, même une première fois.

Etudes et jeunesse de M. Servant

M. Servant fit ses études au lycée de Lyon. Elève de l'Université qui favorise assez peu les vocations ecclésiastiques, mais qui dans notre ville et à cette époque du moins, offrait encore quelque garantie religieuse, il sut rester chrétien fidèle; et s'il put se trouver en contact avec tel ou tel condisciple moins bien porté que lui à la pratique de la vertu, sans doute, il en prit occasion de s'abriter davantage sous l'aile du Seigneur, et jusque dans le sanctuaire en *un asile béni ou sa vertu pût s'épanouir* plus à l'aise et son âme trouver la sécurité. *Dieu toutefois qui inspire si fortement et si* sagement la vocation des âmes généreuses, et qui voulait se préparer dans le docile jeune homme un habile initiateur de nos *magnificences paroissiales, permit qu'un* goût, très prononcé, très légitime aussi, le *portât pour quelque temps encore* vers l'étude des beaux arts. Il marqua son passage au palais Saint-Pierre, cette pépinière illustre d'artistes célèbres, par l'obtention d'une médaille de deuxième classe.

Studieux comme il l'était M. SERVANT fût arrivé sans doute à conquérir le premier rang; mais la main paternelle qui le guidait d'en haut, le conduisit par une nouvelle étape dans une direction qui n'était pas définitive. Il devait apprendre là à connaître mieux le monde, et retirer de cette connaissance le profit qui pouvait s'y trouver. Il entra et resta le temps voulu par la Providence dans le mouvement des affaires commerciales. Ce n'était là qu'un court passage. Un autre négoce le sollicitait davantage : nous voulons parler de celui qui se fait de la terre au ciel et qui consiste à acheminer vers l'éternelle patrie le plus d'âmes possible. De ces divers séjours au milieu de la société civile qu'il quittera bientôt, sans la maudire toutefois, J.-M. SERVANT gardera tout ce qu'il put y recueillir de bon, ce qu'il a déjà même puisé au sein de sa famille : des manières choisies, le tact, la bonne grâce des rapports, tous avantages qui, destinés à rendre les relations sociales plus agréables et plus faciles, deviendront aux mains de ce prédestiné l'instrument d'un bien supérieur, et lui permettront d'exercer son zèle sacerdotal de la manière la plus fructueuse.

M. J.-M. Servant quitte le monde et entre au Grand-Séminaire

Un bel avenir s'ouvrait devant M. Servant au moment où il y renonça. Sa naissance et ses succès, sa valeur personnelle, ses relations pouvaient lui assurer une place distinguée dans le monde ; mais comme il vit, dans sa judicieuse appréciation des choses, que le monde ne vaut pas ce qu'il paraît, et que d'ailleurs une voix supérieure parlait à son âme soumise, comme elle parla dans le temple au jeune Samuel, il répondit au Seigneur que ses désirs feraient sa loi ; et laissant-là tous les avantages terrestres et passagers d'ici-bas, il accepta, avec le joug du Bon Maître, la douce joie de le servir de plus près. Il avait compris que l'espérance des récompenses éternelles devient presque une certitude quand on se donne à Dieu de bonne heure et joyeusement. Il entra donc au Séminaire de Saint-Irénée, à Lyon, et s'y renferma avec courage pour y accomplir les exercices multipliés du noviciat sacerdotal.

Deuxième Partie

Vocation de M. SERVANT au Sacerdoce. — Son Ministère à Saint-Georges.

M. Servant au Grand Séminaire de Lyon.

Le grand séminaire de Lyon, situé alors dans un quartier assez monotone (1), et d'un abord peu réjouissant, n'avait rien de bien attrayant pour un jeune homme du monde, qui eût été moins bien appelé que M. Servant.

La quasi-claustration qu'il faut accepter en entrant là, à l'âge de l'indépendance, à l'âge le plus riant de la vie ; cette rude discipline toute faite de silence, de prières et d'étude, et n'admettant pour la santé que le minimum de récréation nécessaire ; toutes ces rigides obligations, M. Servant, aidé par la grâce d'en haut, s'y soumit généreusement. Une joie surnaturelle fut la première récompense de cette générosité. Il se mon-

(1) Il a été embelli depuis.

tra, dans cet illustre séminaire de St-Irénée, d'où sont sortis tant de saints, tant de martyrs, tant de prêtres et d'évêques remarquables, le digne continuateur de leurs vertus naissantes. C'est dire qu'il fut en tout l'élève accompli du sanctuaire : la méditation, l'étude, les divers exercices de cette belle règle des séminaires français, le trouvaient toujours prêt et appliqué. La preuve incontestable de ce fait, c'est qu'il a gardé toute sa vie cette régularité et cette exactitude qui ne s'improvisent pas. C'est au séminaire surtout que se prennent ces heureuses dispositions, sans lesquelles il n'y a pas de vie sacerdotale. Ce sont les exercices spirituels répétés là, qui, comme une heureuse gymnastique de l'âme, assouplissent, fortifient, pondèrent, équilibrent cette âme, en lui donnant, soit la gravité du jugement, soit l'élévation des pensées pour monter jusqu'à Dieu et lui rester uni, soit enfin le détachement nécessaire des choses de ce monde, avec cette maturité précoce, dont le plus jeune prêtre devra faire la preuve, puisqu'il est le ministre du très-Haut, et qu'il doit justifier ce nom de prêtre qui, dans son sens étymologique, signifie vieillard.

M. SERVANT emporta du séminaire ces précieuses dispositions et ces saintes habitudes, comme on emporterait un trésor; il les conserva jusqu'au dernier moment, car c'était pour lui la meilleure part de l'héritage du Seigneur. Elles devinrent le principe de son éclatante vertu. Mais, s'il fut des circonstances où cette régularité parfaite pouvait se montrer plus admirable encore, c'était, nous disent ses confrères, à l'époque bénie des retraites pastorales de chaque année. Depuis qu'il était sorti du séminaire jusqu'à la dernière année de sa vie, il n'est au souvenir de personne qu'il ait manqué une seule retraite pendant les cinquante-cinq années de sa prêtrise. Sans doute, sa robuste constitution se prêtait à l'accomplissement de cet austère devoir; mais ce qui s'y prêtait encore mieux, c'était sa volonté et le désir invincible qu'il avait de se sanctifier de plus en plus. Dès le premier jour et à la première des trois retraites de chaque année, et on le voyait arriver le premier pour ainsi dire à ce cénacle sacerdotal; et là, après de nombreuses années, d'une fidélité infatigable et touchante, presque à la veille de sa mort, on le retrouve, chanoine, chevalier de la Légion d'honneur, vieillard de plus de quatre-vingts ans édifiant la réunion tout entière de ses excellents confrères par son humilité, par sa candeur et sa ferveur de novice à accomplir jusqu'au dernier, tous les exercices de ce saint temps de récollection sacerdotale.

M. Servant est ordonné prêtre

Initié aux ordres successifs qui élèvent peu à peu le jeune lévite jusqu'au sommet du sacerdoce, quelle ne fut pas l'émotion profonde de cette âme si foncièrement religieuse, lorsqu'il lui fut donné pour la première fois de faire descendre, à son humble et tendre appel, sur l'autel et jusqu'à lui, le Dieu de qui nous tenons la vie et tout, et qui, en ce moment sacré, daigne obéir à sa propre créature. Sentir, pour ainsi dire, palpiter entre ses mains l'Agneau glorieux et pur, l'Agneau trois fois saint qui nous a rachetés par une ineffable immolation ; Celui dont les anges enivrés exaltent l'amour infini, et qu'ils adorent en tremblant, enveloppés de leurs ailes respectueuses ; Celui surtout qu'adora, mieux qu'aucune intelligence céleste son incomparable mère, l'auguste Vierge Marie! Pouvoir ensuite s'abreuver soi-même du sang adorable de cet Agneau, y puiser la vie véritable et l'immortalité, associer de plus à son bonheur les siens et tous ses frères en Jésus-Christ! Devenir encore, par la collation des prérogatives sacerdotales, le dispensateur autorisé des principes vivifiants que le Christ a placés dans chaque sacrement, en particulier dans les sacrements de baptême, de pénitence, d'eucharistie : arches saintes où l'âme renaît, où elle se divinise, quelle merveille! quelle joie! quel honneur souverain!... Quelle ineffable initiation pour celui que l'onction sainte consacre prêtre à jamais!

L'on peut fort bien deviner ce que furent les sentiments de M. SERVANT au jour de son ordination et à l'heure de sa première messe, si l'on se rappelle comme son visage rayonnait et ce qu'il révélait des mystérieuses émotions de son cœur, chaque fois qu'il accomplissait quelqu'une des fonctions sacrées. Le bonheur angélique qu'il dut éprouver au premier instant de son sacerdoce, cette félicité radieuse, qui est pour le prêtre, la source de tout courage et de toute persévérance, M. SERVANT les a goûtés pendant les cinquante-cinq ans qu'il est resté parmi nous le représentant du Seigneur et son fidèle ministre. Nous n'en pouvons douter, nous qui avons été les heureux témoins d'une ferveur qui allait toujours croissant, et qui nous a tant de fois édifiés.

M. SERVANT EST NOMMÉ VICAIRE A ST-GEORGES

Un mois après son ordination M. l'abbé SERVANT fut nommé vicaire de la paroisse de Saint-Georges. Son nom fait suite dans nos annales, au nom d'un ecclésiastique qui s'étant voué au ministère des missions parvínt jusqu'à l'honneur de l'épiscopat et jusqu'à la gloire du martyre.

La trace glorieuse laissée par Monseigneur Retord dans notre chère paroisse de Saint-Georges ne fut pas déparée par celle qu'y traça à son tour M. l'abbé SERVANT, nous pouvons à bon droit nous enorgueillir de ces deux beaux noms. Plus de cinquante années d'un dévouement aussi paternel qu'inaltérable nous montre ce vénéré pasteur comme un héros bien digne de prendre place dans le ciel aux côtés de son illustre prédécesseur. Ce souvenir nous en rappelle un autre bien glorieux aussi et bien cher à notre bonne paroisse, celui de M. l'abbé Mathevon mort missionnaire au Tonkin. Né parmi nous et l'un des nôtres ce saint et modeste jeune homme devint aussi par son héroïsme l'une des gloires de Saint-Georges ; il sera, n'en doutons pas, avec Mgr Retord et le cher M. SERVANT, l'un de nos protecteurs assurés. Sa vocation fut le fruit des vertus de l'un et de l'autre de ces deux admirables prêtres ; et si Mgr Retord l'attira par le renom de son héroïque apostolat, après s'y être préparé à Saint-Georges même, (1) M. l'abbé SERVANT sut par sa direction, par ses exhortations et par des secours pécuniaires généreux rendre le jeune Mathevon digne d'un si glorieux appel et digne de mourir à son tour confesseur de la foi.

(1) Mgr Retord n'étant encore que vicaire à St-Georges et prévoyant dès lors son apostolat futur au milieu des rivières et des nombreux canaux de l'Extrême-Orient s'appliquait à connaître, la Saône étant à sa portée, tous les secrets et tout l'art de la batellerie. Vicaire de notre paroisse en 1829, il y fut reçu confrère de la Bonne-mort la même année. Il est décédé évêque du Tonkin occidental le 22 octobre 1858.

Pendant onze ans, M. Servant fut le collaborateur obéissant, respectueux et dévoué de M. le curé Chartre, de vénérée mémoire, mort le 21 mai 1842.

Celui-ci ayant, à une certaine époque, demandé à l'administration un vicaire dont il avait besoin; Mgr de Pins lui répondit qu'il lui accordait M. l'abbé Servant, *l'un des meilleurs sujets de son séminaire*, « un véritable petit saint » ajoutait-il. M. Chartre vit se vérifier à la lettre cette appréciation du vénérable prélat; il trouva dans M. Servant l'obéissance la plus parfaite et la plus empressée, avec une exactitude irréprochable à tous les devoirs de son ministère; il trouva aussi en lui un dévouement filial dont il fit plus d'une fois la touchante expérience. Pour soulager son curé qui ressentait déjà le poids de l'âge et *des infirmités M. Servant multipliait* ses prévenances et en arrivait souvent jusqu'à *lui rendre les plus humbles services, comme* par exemple, de lui quitter sa chaussure, dans l'impossibilité où le bon vieillard était de le faire.

L'on juge de l'estime et de la confiance

qu'il inspirait à son curé ; aussi ce dernier allait-il jusqu'à lui ouvrir sa conscience et il s'en félicitait même disant en toute simplicité au temps de sa dernière maladie : « qu'il s'était confessé à son jeune vicaire et que c'était, comme l'avait dit Monseigneur de Pins, un véritable petit saint. »

C'est dans l'exercice d'une obéissance si parfaite et d'une humilité qui s'harmonisait si bien avec la charité et le dévouement et aussi avec la virilité de caractère, que le jeune vicaire devint bientôt digne de commander, et fut mis par Dieu même, comme autrefois le jeune David, à la tête de son peuple, dans l'heureuse paroisse de Saint-Georges.

M. Servant nommé curé de Saint-Georges

Le vertueux M. Chartre, en effet, avant de quitter le monde et sa paroisse, pour aller au Ciel recevoir une juste récompense, voulut, dans sa sollicitude pour ceux qu'il laissait, leur léguer un successeur selon le cœur de Dieu et selon le sien ; quelqu'un qui serait l'ami des pauvres et des déshérités, comme il l'avait été lui-même, et qui apporterait, au salut des âmes, tout le zèle qu'elles méritent et dont il avait donné l'exemple. Trouvant ces diverses conditions réunies dans son bien-aimé vicaire, il demanda à l'autorité ecclésiastique que M. Jean-Marie SERVANT lui succédât. L'administration diocésaine, dérogeant à ses respectables habitudes, et pensant comme M. Chartre qu'il était difficile de trouver mieux, acquiesça au pieux désir du mourant que Dieu, sans doute, inspirait à ce moment suprême. En conséquence, M. l'abbé SERVANT, nommé bien jeune encore, car il n'avait que trente-huit ans, à l'une des cures de Lyon, y fut installé au mois d'août 1842, et cela, disent les contemporains, notamment la vénérable Mlle Berthet qui l'écrivit à son frère « au plus grand contentement de tous « les fidèles de la paroisse. »

M. SERVANT CONSTRUIT L'ÉGLISE DE SAINT-GEORGES

Le jour même de son installation, le nouveau curé de Saint-Georges, avait fait à cette paroisse déjà bien chère à son cœur, une promesse courageuse qu'il tint avec une fidélité admirable; car ce fut au prix des plus grands et des plus généreux sacrifices. Voulant donner aux chères ouailles qui passaient sous sa houlette, un témoignage non équivoque de son attachement, et comme un symbole de l'union qui devait sans cesse rapprocher le pasteur et les brebis, le père et les enfants sous le regard et près du cœur paternel de Dieu, il s'était engagé à édifier une église qui serait comme le centre et le foyer béni de ces nobles affections.

Cette église, bâtie ainsi qu'il l'avait promis, est celle-même que nous possédons, et dont nous sommes fiers à bon droit. Elle devait remplacer l'église d'alors, qui était devenue insuffisante à raison même de la population et à raison aussi de la place qu'elle occupait dans une ville comme Lyon, et tout auprès d'un fleuve qui allait se parer bientôt de constructions et de quais élégants.

On était au mois d'août 1842. M. le curé se mit résolument à l'œuvre et nous comprenons dès lors le motif secret pour lequel Dieu avait voulu qu'il s'initiât jadis aux œuvres de goût et à l'étude des beaux arts; car si l'on doit faire hommage à M. l'architecte Bossan, l'illustre créateur de Fourvière, du plan de notre gracieuse basilique, il n'est que justice de faire remonter au goût éclairé de M. Servant non moins qu'à son zèle pastoral, l'inspiration première de l'édifice, le choix de l'architecte et des divers coopérateurs de ce beau travail. Ce monument qui est un véritable bijou artistique et qui par sa flèche élégante, son abside harmonieuse, son dessin gothique si pur, fut de bonne heure sur les bords de la Saône l'heureux embellissement de l'un de nos quais ; ce monument, dis-je, complet comme il l'est dans tous ses détails intérieurs et extérieurs, parfaitement entendu dans tout son ensemble où l'on n'a pas une seule faute de goût à reprendre, est l'œuvre entière de M. Servant ; c'est M. Servant seul qui l'a amené peu à peu à son complet achèvement. Mais quelle activité ne lui a-t-il pas fallu dépenser pour en arriver là ! Vraiment à voir notre chère église de Saint-Georges, si riche en architecture et en sculpture ; riche au dehors de ses flamboyantes ciselures, de son portail magistral ; riche au dedans de ses harmonieuses et nobles nefs, de ses boiseries superbes, de ses immenses verrières, de son orgue, de sa chaire artistique, de ses fonts baptismaux peu communs, et de tant d'autres décorations enviables, on pourrait à peine croire qu'un seul homme ait suffi à l'élever, à la parer, à la créer ainsi de toutes pièces.

Sans doute une œuvre aussi complexe ne put s'accomplir d'un premier jet : il y fallut vingt-cinq années de la vie de M. Servant ; c'est là précisément son grand mérite ; il fallut pour conduire à bien une pareille entreprise, toute la patience, toute la persévérance dont elle témoigne et que Dieu seul peut inspirer ; mais à côté de cette activité infatigable, ce que Dieu inspira surtout à ce cœur d'élite, ce qui est plus rare et plus difficile, ce sont tous ces sacrifices successifs de patrimoine et de fortune sans lesquels ce beau vaisseau ne se fût jamais construit. C'est à cette édification devenue nécessaire que M. Servant appliqua la majeure partie de ses revenus personnels. Ils y eussent passé tout entiers, s'il n'avait cru devoir prélever sur ce même patrimoine la part sacrée des pauvres dont il se regardait comme le débiteur. Le frère de M. le Curé lui vint en aide par des dons importants estimés, si nous ne nous trompons pas, à plus de 80,000 francs, les libéralités des fidèles, la bonne volonté de l'administration civile contribuèrent également au complet achèvement de l'édifice. L'on arriva ainsi, après la pose de la première pierre qui fût faite le 1er septembre 1844 par M. Beaujolin, vicaire-général, en présence de M. Terme, maire de la ville et de M. Fulchiron, pair de France, et après une première bénédiction du cardinal de Bonald, en traversant trois périodes d'abandon et de reprise des travaux, jusqu'à la fatale année 1870. A ce moment, Dieu merci, l'œuvre était à peu près achevée ; elle n'eut point à subir les douloureuses conséquences d'une année qui fut aussi désastreuse pour la France que pour une foule d'œuvres utiles. (1)

Zèle de M. Servant pour le salut des ames

Mais, si remarquable que M. Servant se soit montré dans la poursuite et l'achèvement de ce grand projet, il faut admirer bien

(1) Dimensions de l'église de St-Georges : 193 pieds de hauteur, du sol de l'église à la base de la croix de la flèche — 46 pieds du sol de l'église au sommet de la grande voûte — 133 pieds longueur intérieure de l'église — 56 pieds de largeur.

autrement son activité spirituelle et son zèle de pasteur, pour une édification qui doit primer toutes les autres.

Nous voulons parler de la sanctification des âmes.

Un édifice religieux, si beau soit-il, serait-ce même St-Pierre de Rome, n'a sa raison d'être qu'autant qu'il sert à l'édification intérieure de l'homme moral. La magnificence du temple matériel doit être le symbole de l'édifice mystique.

Cet édifice spirituel, dont parle l'apôtre, c'est tantôt notre âme considérée en elle-même, et qui doit s'embellir de vertus célestes comme une demeure ici-bas s'embellit peu à peu de ses diverses décorations, suivant les les gouts et les ressources de celui qui l'habite ; c'est tantôt aussi cet ensemble d'âmes qui composent la famille religieuse et qu'on appelle une paroisse, ou encore le tout magnifique des âmes chrétiennes qu'on nomme l'église catholique. Là daigne habiter l'Esprit-Saint. Ce divin Esprit, façonne, embellit par son ineffable et mystérieuse influence chacune de ces aggrégations et toutes ces âmes fidèles. C'est là surtout que cet architecte sublime, bien supérieur à Salomon, élève à Dieu le seul temple vraiment digne de Lui.

Cet édifice est donc un ouvrage tout divin puisqu'il a Dieu pour objet et Dieu même pour auteur. Quelle œuvre pourrait lui être comparée? N'est-ce pas par excellence l'honneur d'un prêtre et d'un curé, n'est-ce pas pour lui la garantie de son propre salut que de consacrer tout son cœur, ses forces physiques, avec tous les instants d'une vie passagère à une œuvre où Dieu lui-même collabore avec son ministre et veut réaliser par lui l'éternel salut des âmes !

Ces âmes d'un prix infini, puisqu'un Dieu s'est immolé pour chacune d'elles, si bien que la perte d'une seule est un malheur aussi grand qu'il est irréparable, il faut d'abord les former, il faut comme les ensemencer des germes de la foi et des germes de la vertu; c'est par là seulement qu'elles auront la vie; c'est par là qu'elles fourniront de riches épis à la moisson céleste. Infatigable laboureur du champ spirituel, que le prêtre soit plus courageux que le laboureur terrestre; les conséquences de son travail doivent être éternelles! Mais hélas! Le succès ne répond pas toujours à tout son dévouement. Combien de ces âmes qui résistent et ne récompensent pas par leur fidélité les travaux d'un bon pasteur!

Parties souvent d'un pas généreux dans le sentier du devoir et dans la direction du ciel, soudain elles se lassent, elles hésitent, elles s'arrêtent. Ce pauvre cœur humain s'est rempli de nuages et au lieu de la belle moisson qui s'annonçait d'abord on voit poindre la semence malsaine répandue par un ennemi ténébreux; l'ivraie du vice et des fausses doctrines. Le mal a grandi quelquefois bien vite, l'âme languit, se meurt, elle va périr! se découragera-t-il à ce moment décisif, le ministre du Dieu sauveur? C'est là surtout que son œuvre sera nécessaire. Le Tout-Puissant ne l'a fait son prêtre et comme un autre Lui-même, que pour ressusciter par sa Vertu et en son Nom cette âme blessée à mort.

Ainsi, le divin Sauveur, devant l'indifférence générale, se montra pour les âmes le bon samaritain que l'on sait; ainsi gémissait-il d'amoureuse pitié sur le sort des foules qui ont tant besoin qu'on les éclaire; ainsi encore, pasteur incomparable laissait-il momentanément les 99 brebis fidèles pour *courir péniblement à celle qui se perdait :* Voilà en quelques mots tout le ministère *paroissial et tout le ministère qu'exerça à* St-Georges M. l'abbé SERVANT.

*Par toutes les énergies d'un zèle infatiga*ble par toutes les ressources matérielles ou *morales que Dieu mit à sa disposition, il* s'efforça de pratiquer cette religieuse industrie, ce trafic sacré qui s'établit entre la terre et le ciel et qui consiste ici-bas à former, à maintenir dans le bien des âmes immortelles, à les ranimer, à les revêtir sans cesse de mérites et de vertus pour les rendre agréables au divin Maître et dignes de s'asseoir un jour au banquet éternel des élus.

Ses exemples, sa parole, ses démarches incessantes, sa charité, sa cordialité et sa condescendance qui ne s'est pas démentie un seul instant pendant les cinquante-cinq années de son saint ministère, n'ont eu pour but que le *compelle intrare* de l'évangile ; tendre parole que Dieu répète sans cesse à son ministre et qui ne peut le laisser indifférent. Aussi quel bien n'a-t-il pas fait ce charitable pasteur aux âmes dont il eut la charge; disons mieux quel bien n'a-t-il pas fait par *l'influence peu commune des beaux exemples* qu'il a donnés, et par le rayonnement *naturel de la vertu, à une foule d'âmes, en* dehors même des limites de sa paroisse !

Cette sublime passion des âmes que Dieu inspire à ses saints, et à tous ceux qui *s'abandonnent à sa conduite, amena ce prêtre* parfait jusqu'à un acte qui est le *sommet de la vertu, et qui en immolant* au salut du prochain le cœur d'un apôtre, lui *donne cette possession* victorieuse des cœurs par laquelle on peut tout pour leur bonheur.

Pour sauver en effet ce prochain qu'il aime, l'apôtre devra à l'exemple du divin Maître, en faire la conquête, et amener docile et convaincue jusqu'aux pieds de son Dieu l'âme qu'il veut sauver. Mais pour cette conquête et pour obtenir qu'un autre se livre à notre sage direction, il faut soi-même, en premier lieu, faire à ce frère bien-aimé le sacrifice de sa propre personnalité; il faut comme se déposséder de cet amour-propre qui nous attache à nous et nous rend indifférents à toute autre chose; il faut se mettre pour ainsi dire au service d'autrui, semblable à ce *vénérable P. Claver* qui se proclamait avec joie : *l'esclave des nègres*. Ayant ainsi tout donné on peut aussi tout espérer en échange d'un si parfait oubli de ses propres intérêts. Une telle abnégation, Dieu seul, peut en donner le goût et le courage, Dieu seul peut y maintenir la volonté. Ce généreux sentiment dépasse en résultats féconds tous les autres sentiments d'ici bas. L'amour, l'amitié lui sont inférieurs de toute la grandeur du désintéressement. Ici en effet il y a sacrifice véritable, là au contraire il n'y a qu'un échange agréable de sentiments où l'on reçoit autant que l'on donne, aussi a-t-on dit d'une manière un peu dûre, mais à peu près exacte, que les affections de ce monde ne sont que de l'égoïsme à deux.

En tous cas, et sans déprécier des sentiments que Dieu lui-même a déposés dans le cœur de l'homme, il faut reconnaître toutefois qu'ils ne sauraient suffire à la difficile conquête des âmes, et que pour livrer à quelqu'un mon âme toute entière, cette partie principale de moi-même, la plus sacrée et la meilleure, celle qui constitue le mieux ma personnalité, il faut que je reconnaisse une bien grande pureté d'intention, un dévouement bien absolu dans la démarche de celui qui réclame mon obéissance et qui veut me sauver à ce prix.

Ce dévouement supérieur, qu'il est impossible de contrefaire ; cet héroïsme de la charité, c'est lui seul qui produit les grands ministères et les grandes œuvres. M. SERVANT l'a pratiqué pendant plus d'un demi-siècle, pour le très grand profit de sa chère paroisse de Saint-Georges ; et, si, Dieu merci, il n'est pas le seul de ses frères en Jésus-Christ qui se soit élevé à cette hauteur de vertu, du moins, ayant réalisé ce prodige de générosité pendant un si grand nombre d'années, il mérite bien que l'on salue en lui *l'un de ces bienfaiteurs de l'humanité* aussi admirables que modestes, sans lesquels le monde irait en dégénérant et s'abîmerait peu à peu, par l'égoïsme et l'anarchie, dans un épouvantable chaos.

En quelques mots rapides, rappelons le joyeux et long sacrifice que cet exemplaire curé fit à sa paroisse de toute sa fortune d'abord ; puis de son temps, de sa santé, de ses aises, ainsi que de tout lui-même.

J'en appelle au souvenir de tous. Puis-je être taxé d'exagération quand je dirai que, nous préférant à cette famille première que la nature lui avait donnée, il nous a consacrés à nous, sa famille par la grâce, tous ses biens personnels? De son patrimoine il avait fait deux parts : l'une pour son église, telle que vous la voyez et telle que vous la possédez ; ce foyer béni, il l'avait établi à notre intention ; il aimait tant à nous y réunir auprès de ce Père bien-aimé des cieux auquel il confiait avec joie nos plus chers intérêts.

Charité de M. Servant pour les pauvres

L'autre part de sa fortune, il l'a épuisée et au-delà, pour accomplir ce devoir sacré de la charité, qui incombe à tout bon pasteur.

Ce glorieux drapeau de la charité catholique, qui est tout à la fois le signe de l'amour divin et la marque de la véritable Eglise, comme il l'a tenu haut et ferme autant pour l'honneur de cette Eglise que pour l'honneur de notre chère paroisse!

De prime abord, et à considérer la chose en théorie, il semble que la charité ou l'aumône, qui en est la pratique extérieure, soit une obligation aussi naturelle que facile à remplir. Ne répond-elle pas, en effet, à cette secrète sympathie que la Providence a déposée dans le cœur de l'homme en faveur de son semblable malheureux? Pourrait-on surabonder de tout, soi-même, sans secourir un frère déshérité à qui tout manque? Rien n'est plus spontané, vous disent les moralistes indépendants que la philanthropie naturelle. Elle peut suffire à tout. Que l'Eglise, ajoutent-ils, en cherchant à rabaisser, à leur profit, le principe divin de sa charité, n'exalte donc pas ses bienfaits : ils ne sont, après tout, que l'expression d'un sentiment humain; l'Eglise n'en a pas le monopole, et nous ferons aussi bien, peut-être mieux qu'elle même n'a pu faire.

Admettons volontiers qu'il est certains cas où l'aumône est facile, où elle est même d'une pratique agréable : ainsi, par exemple, si la personne à secourir nous plaît; si elle nous attache par quelque côté noble de sa détresse, tels que : l'injustice du coup qui la frappe, la dignité avec laquelle elle le supporte, des restes de manières choisies qui relèvent cette misère, et lui donnent comme un certain décorum. Dans d'autres circonstances encore l'aumône est facile, parce qu'elle est une preuve de notre richesse et qu'elle témoigne de nos bons sentiments. Parfois aussi elle nous débarrasse d'un importun; ou bien on ne voudrait pas se signaler en ne la faisant pas; on ne la fait, du reste, que dans la mesure où elle n'est pas une charge trop onéreuse. Que dis-je? on la fera avec d'autant plus d'empressement dans certains cas, qu'elle devient pour nous l'occasion d'une partie très agréable; on a trouvé là le moyen et le prétexte de s'amuser beaucoup au profit de ceux qui pleurent!

Mais, est-ce là toute la pauvreté? Est-ce là tout ce dont est capable l'humaine philanthropie? Dans ce cas, elle se fait une terrible illusion, et elle est bien loin de répondre aux innombrables besoins de la véritable misère qu'elle semble ne pas même soupçonner.

Pour la soulager, pour l'amoindrir cette misère, il faut un héroïsme surnaturel, un art enseigné du Ciel et une persévérance que peut seule expliquer et produire la foi chrétienne.

La vraie misère, en effet, c'est cette misère aux haillons sales et répugnants, à la figure hâve et livide, souvent haineuse, et dont les enfants sont légion. Elle excite rarement la sympathie; ses abords sont trop repoussants, et alors la richesse, qui craint la gêne, qui ne veut que des spectacles agréables, loin de s'approcher du malheur pour le connaître et le secourir, s'en éloigne promptement. Que deviendront les malheureux ainsi abandonnés à eux-mêmes, et quel danger ne sera pas pour la société, qui les supporte avec peine, l'explosion de leur déscspoir!...

Mais, ô bonheur! le divin Guérisseur, le Sauveur béni de toutes les infirmités humaines, n'a pas abandonné, Lui, ces malheureux qui sont ses enfants. Il les a d'abord relevés à leurs propres yeux en se faisant comme eux, pauvre et souffrant; puis il a exalté la grandeur de leur état, s'ils savent le supporter avec courage. Il a révélé sans doute que la pauvreté ne disparaîtrait jamais de ce monde, parce qu'elle est la conséquence du péché, et que, si le péché est détestable en lui-même, il devient, par sa présence ici-bas, l'occasion pour les élus qui le répudient, de leur héroïsme et d'une récompense éternelle; mais il a révélé qu'il y avait aussi pour le riche la plus stricte obligation de venir en aide aux pauvres et aux Lazares de cette vallée de larmes ; que si le Dieu de toute sagesse l'a pourvu des biens de ce monde, sans les communiquer aux autres, ç'a été pour établir cette véritable famille sociale que crée la nécessité des rapports ; rapports de charité et de protection de la part du riche qui doit secourir le pauvre, et le faible; et rapports de reconnaissance et de respect de la part du malheureux que l'on traite avec égards et comme un frère. Ces égards, cette fraternité seront d'autant plus empressés de la part du riche que le fils de Dieu veut qu'on le reconnaisse Lui-même dans la personne des pauvres. C'est lui, ce divin ami, qui se cache sous la figure du mendiant, quand le riche vient à son aide. C'est Lui, par conséquent, qui se constitue le débiteur de l'homme généreux. Dans cette générosité seulement, le fortuné de ce monde trouve le véritable emploi de sa fortune; il y trouve aussi ce dépouillement nécessaire au salut, et sans lequel on ne peut entrer dans la gloire ; par là, qu'il le sache bien, il place au-devant de ses richesses et des siens, l'invincible barrière du respect et de l'amour ; il sauve du même coup la société menacée.

Cette sublime et divine doctrine qui rétablissait admirablement l'équilibre des conditions sociales, l'Antiquité païenne ne l'ayant ni cherchée, ni pratiquée, fut sans cesse, et sous la menace de haines toujours renaissantes, la victime de son égoïsme hideux. Mais le christianisme qui apporta au monde ravi l'amour et la vie de la charité, produisit alors, et jusqu'à nos jours ces merveilleuses œuvres de toute sorte qui répondent à chacun des besoins de l'humanité souffrante. Les maisons de bienfaisance, les refuges, les asiles, les hôpitaux, les congrégations de secours, des dévouements inimaginables de toutes sortes, entièrement ignorés du paganisme se multiplièrent d'autant de manières différentes que le mal et la misère peuvent se reproduire eux-mêmes ; et cela, depuis ces nobles dames romaines qui, au grand étonnement de leurs opulentes familles, allaient panser les plaies de leurs propres esclaves ; depuis ces princesses, et ces reines qui lavaient les pieds des mendiants, jusqu'à ces douces Sœurs de St-Vincent, où ces aimables Petites Sœurs des pauvres parmi lesquelles se cachent tant de noms illustres, mais dont tous les cœurs battent d'une égale générosité !

Ce spectacle divin, car Dieu seul en est l'auteur, et il ne peut s'expliquer que par Lui, ira en se reproduisant jusqu'à la fin des âges. En notre siècle, héros et héroïnes de tous les genres de dévouement : religieux des ordres charitables, conférences de Saint-Vincent-de-Paul, sociétés hospitalières où l'on sacrifie joyeusement à celui qui souffre, ses loisirs et son repos, quelquefois même ses nuits ; héros connus ou inconnus ici-bas, mais connus de Dieu ; hommes magnanimes que n'arrête ni le sarcasme, ni l'ingratitude, ni le vice lui-même, qui devient l'occasion d'une aumône supérieure ; tous, honneur et sauvegarde de la société, se sont comptés par centaines et par milliers ; et l'admirable charité de M. Servant qui fut un vaillant dans cette phalange de vaillants, nous a entraîné à les saluer avec bonheur ici.

Oui, M. Servant fut bien de cette race généreuse à laquelle le monde doit plus qu'il ne pense. Ces passionnés de la bienfaisance interviennent sans cesse dans la mêlée des conflits, et leur précieuse intervention trop souvent et sottement contrariée, empêche bien des désastres! A la suite du divin Maître de ces héros, après ces héros du dévouement chrétien dans les âges passés, M. SERVANT, à son tour, et au point marqué par la Providence, se montra un maître éminent dans l'art de faire le bien. Quelle vaillance ne fut pas la sienne sur ce champ de bataille des misères humaines! En contact perpétuel avec tout ce qu'elles ont de répugnant, il sondait à fond tant de plaies diverses pour les soulager mieux. Il savait aussi par sa bienfaisante douceur aller jusqu'au fond du mal. Sa compassion c'était le premier et souvent le meilleur des remèdes! Il n'a pas tenu qu'à lui d'enlever aux épaules de ses chers indigents de St-Georges le rude fardeau de la pauvreté. Il a, humainement parlant, fait tout ce qu'il était possible de faire pour l'amoindrir et le rendre supportable; et s'il a dû, suivant les saintes dispositions de la sagesse infinie, travailler, sa vie toute entière, à empêcher que le flot si triste de la misère ne submergeât un trop grand nombre de ses enfants malheureux, ils ont pu juger par là même ce qu'a été pour eux la tendresse de cet incomparable père. On ne dira jamais assez toutes les infortunes au secours desquelles il s'est porté: Dons de toute nature, prêts répétés qui sont restés à l'état de dons parce qu'il en faisait joyeusement le sacrifice; préoccupations incessantes en faveur des pauvres; voilà le bilan de chacune des journées de cette longue et vertueuse existence. Que de larmes, que d'angoisses il a fait disparaître ce saint pasteur! que de pauvres demeures, que de familles désolées ont vu, grâce à lui, briller enfin un rayon de bonheur! C'était, avec le secours nécessaire qu'il avait pu apporter, à de pauvres gens, ses bonnes paroles, et l'affabilité qui paraissait dans toute sa personne. Comme tout cela rehaussait en la complétant son œuvre charitable! Il réchauffait les cœurs, ranimait les volontés par l'espoir et la certitude d'un appui. Ces empressements généreux, Dieu les inspirait à ce cœur d'apôtre; aussi sa douce visite était volontiers comme l'apparition du bon Père que nous avons dans les cieux. Ce n'est pas M. Servant qui aurait fait payer, et perdu en même temps, par quelque parole aigre ou douteuse, le mérite de sa démarche. Il avait trop besoin d'arriver, comme tout bon prêtre, du cœur jusqu'à la volonté, pour redresser dans le pauvre quelque défectuosité morale, et par là même le secourir mieux.

Souvent on avait cherché à le prémunir contre sa propre bonté, et son entrainement naturel à soulager ceux qu'il voyait dans la peine. On lui désignait tels ou tels trop habiles, disait-on, à lui soustraire ses aumônes, sans en avoir un réel besoin ; ces remarques lui étaient pénibles, mais ils les respectaient pour quelque temps, comme des conseils amis et désintéressés ; bientôt cependant sa nature loyale et tendre reprenant le dessus comme un ressort trop longtemps comprimé, il avait hâte de faire parvenir le secours attendu. Il se reprochait, pour ainsi dire, de s'être défié d'un malheureux, d'avoir peut-être affligé un innocent, et s'abandonnant à Dieu qui connait tout, il renonçait à des enquêtes indéfinies qui faisaient obstacle à son bon cœur.

Pour pouvoir soulager les pauvres avec plus d'efficacité, et être plus accessible à ces malheureux, M. Servant ne craignit pas de se faire pauvre à son tour ; et quoique né d'une famille riche, entouré de parents fortunés, il ne voulut jamais pour lui-même que la plus modeste des habitations, et le plus simple des ordinaires. On n'aurait découvert ni dans ses meubles, ni dans ses livres, ni nulle part, quoique ce fût qui indiquât une recherche personnelle, et qui réduit à une moindre valeur aurait produit quelqu'utile ressource propre à soulager d'autres misères. Il pouvait comme le grand apôtre se rendre le témoignage de ne s'être rien attribué au détriment des affligés. Pauvre avec les pauvres, n'éprouvant aucun regret de la simplicité de son état, abondant dans son cœur, des délices pures de la charité, et dégagé de l'encombrement des désirs inutiles, M. Servant sut encore s'élever plus haut dans la perfection d'une si grande vertu, et voici comment.

La mesure de sa générosité ayant été d'être sans mesure et de se dépenser, à l'exemple de Saint-Paul, au-delà du possible, il arriva à se trouver un jour dans un dénûment à peu près complet ; à son tour il *dût vivre d'aumônes et pratiquer la pauvreté* dans toute sa rigueur. Lui d'une nature si *réservée, et presque timide voyant que les* ressources allaient lui manquer pour nourrir, soulager et vêtir, ses pauvres bien-aimés, les membres même de J.-C. Il n'hésita plus, malgré les répugnances de la nature, à faire pour eux auprès des riches, ce que les pauvres faisaient auprès de lui : il vint solliciter la bienveillance et les secours des personnes fortunées et honorables qu'il connaissait. Peu mêlé, en dehors des strictes convenances, aux réunions mondaines, il s'y rendit alors avec l'unique intention de réclamer en faveur de ceux dont la Providence lui avait donné la charge. Le monde qui se laisse toucher, et qui devient charitable quand il a d'aussi beaux exemples devant lui, s'émut pour les protégés de ce saint prêtre, comme il s'était ému jadis pour les protégés de St-Vincent-de-Paul. Le plus éprouvé de ceux à qui s'est adressé le charitable M. Servant, c'a été surtout ce bien-aimé frère aîné dont nous avons dit un mot; et qui, à mesure que son plus jeune frère grandissait en immolation et en charité, a su partager ses mérites, et attirer sur lui et les siens les *bénédictions promises aux hommes miséricordieux.*

Voilà, chers confrères et amis, ce qu'a été à St-Georges l'œuvre bienfaisante de M. Servant. On connait le vrai serviteur de Dieu à l'amour que Dieu lui inspire pour le prochain, on peut bien juger d'après ce principe que M. Jean-Marie Servant a été vraiment le bon serviteur du meilleur des maîtres. Aussi quelle somme d'affectueux respects n'a-t-il pas recueilli ? quels regrets n'a pas provoqués la disparition de cet homme de bien ! Une foule de bouches reconnaissantes ont proclamé sa charité. Elles n'ont pu taire ses bienfaits, malgré qu'en les prodiguant, en silence et avec discrétion, il réclamât le silence pour lui-même. Il atténuait la valeur de ces bienfaits, il se regardait comme un très modeste ouvrier, trop honoré de servir Jésus dans la personne des pauvres ses préférés. Au jour de ses funérailles ce concert de voix reconnaissantes a été le plus beau panégyrique qu'on ait pu prononcer sur sa tombe ; il a retenti bien sûr jusqu'au ciel, au moment où y est entré cet apôtre de la charité. A coup sûr, d'aussi beaux exemples en auront suscité d'autres : le bien engendre le bien ; pour nous, ses heureux enfants, soyons fiers d'un pareil héritage de vertus, et sachons en même temps le mettre à profit.

Ministère et dévouement de M. Servant en chaire, au confessional, et dans la prière.

Après s'être ainsi donné aux nécessiteux de sa paroisse ne pensons pas que M. Servant n'ait pas trouvé à se donner encore à ses autres paroissiens. Ceux-ci, grâce à Dieu, n'avaient pas besoin de ses secours pécuniaires, mais ils pouvaient réclamer pour leur âme le zèle pastoral de celui à qui ils avaient été confiés ; ce zèle ne leur a pas fait défaut.

Occupé cependant, comme nous venons de le voir, de tant de misères à secourir, il semblerait que le temps dût manquer à M. Servant pour les autres travaux du ministère ; mais animé d'un feu divin, le ministre de Dieu, un sauveur des âmes arrive en supprimant tout intérêt, toute préoccupation personnels, à décupler le temps, et comme à se dédoubler lui-même. A voir M. Servant abonder à tant de travaux divers, on se demandait avec admiration comment le même homme pouvait y suffire !

Le temps ! cette richesse de la vie, ce trésor pour un homme dévoué, il l'a consacré tout entier à sa chère famille de Saint-Georges ! A peine nommé curé de cette paroisse, M. SERVANT s'est regardé comme le débiteur de son temps envers chacun de nous. Son activité à veiller à nos intérêts était incessante, calme toutefois, et par là même infatigable, autant qu'efficace. A quelque heure du jour où de la nuit qu'on vint réclamer son ministère, on n'importunait pas ce charitable et vigilant pasteur ; c'était un bonheur pour lui de rendre le service réclamé ; et cela à n'importe qui, et n'importe comment. Plus empressé que l'ami de l'évangile que l'on dérange de son repos et qui finit par accorder ce qu'on lui demande, M. SERVANT commençait par accorder, et cela dans toute la mesure du possible. C'était vraiment un père qui s'inquiète de tous ses enfants, et qui dévoue son cœur aussi bien à celui-ci qu'à celui-là. De fait je ne sais si un père, si même une mère peut aimer ses enfants mieux que M. SERVANT n'a aimé ses paroissiens. Cette tendre sollicitude qu'il avait pour eux, c'était tout à fait la réalisation de la belle parole de Saint-Paul à ses chers disciples : « Oh fils si chers, vous que je ne cesse d'enfanter à la grâce jusqu'à ce que le Christ soit formé en chacun de vous ! »

Il donnait avec son temps, toutes ses forces physiques, ce pasteur bien-aimé. C'était d'abord au ministère et au labeur de la prédication. Elle lui coûtait beaucoup. Jaloux d'élever toujours plus haut le glorieux édifice de nos âmes, il multipliait ses exhortations, ses conseils et ses enseignements ; il mettait tant d'ardeur à ce travail de son cœur et de sa foi ; il s'y animait tellement, à la pensée du rigoureux devoir de ne laisser perdre par sa faute aucune des âmes qui lui étaient confiées, qu'il redescendait de chaire harassé, brisé par les efforts de sa charité pastorale.

Mais c'est surtout au confessionnal, dans ce travail moral aussi rude que délicat, si nécessaire à la formation progressive des volontés, et à la réforme incessante de leurs défauts que la mesure de son dévouement a dépassé toute mesure.

Confesser est un ministère bien caché et sans aucun éclat apparent ; et cependant c'est peut-être, dans l'Eglise, le plus efficace de tous les ministères. C'est là seulement que le prêtre peut aller jusqu'aux plus profondes racines de l'âme pour la régénérer tout à fait, et régénérer dans ses éléments mêmes l'humaine société. Celui qui exerce ce ministère saint, doit pour y réussir s'immoler entièrement. Enfermé d'abord et comme cloué dans un étroit espace, il lui faut anéantir sa volonté et s'oublier à peu près pour appartenir aux autres. Là mille misères différentes, mille demandes de conseils, des difficultés de toutes sortes vont venir assaillir le confesseur. Il lui faudra pour tant de cas qui lui seront soumis, une attention sans faiblesse, un désintéressement absolu et la connaissance des objets les plus divers ; il lui faudra une douceur pleine d'encouragement, avec une fermeté qui, sans rien briser, détermine cependant à tous les sacrifices nécessaires ; une sagesse telle que Dieu seul peut l'inspirer ; et c'est là le miracle habituel de la confession. Au

N. B. — Avant d'aller plus loin, réparons une omission fâcheuse, à savoir, que nous devons la plupart des précieux renseignements de cette notice à la piété de Mr J.-B. Fayolle, témoin habituel, fidèle et sûr de tant de beaux exemples, qui en a recueilli le souvenir avec soin.

milieu des vilenies incroyables de notre pauvre nature, avec ces rechutes impardonnables que Dieu pourtant veut pardonner sans cesse, à travers tant de bizarreries de caractère, de ténèbres morales, d'incertitudes, de haines, de scrupules étranges, tableau à peine ébauché du spectacle présenté au confesseur, quelle grâce supérieure ne lui faut-il pas pour remplir un si rude ministère ! De plus, alors que chaque pénitent se retire libéré de l'obligation qu'il avait à remplir ; le prêtre, lui, entouré, assiégé comme le fut M. SERVANT doit rester pour entendre successivement, et jusqu'au dernier tous ces pauvres pécheurs quels qu'ils soient. Mais comme il sait aussi que ces vrais malheureux, infortunés malades spirituels, en se succédant auprès de lui, recouvrent la vie perdue, qu'ils retrouvent avec la sérénité de l'âme, le chemin de la vertu par lequel seul on peut aller à Dieu et au bonheur ; que de plus le renouvellement moral produit pour eux le bien-être même temporel ; oh alors ! il se réjouit de sa peine et la compte pour rien ; trop heureux de rendre, au prix de quelque lassitude des enfants à leur père, et d'opérer, avec la grâce d'en haut d'étonnantes résurrections.

Tel a été le ministère de M. Servant au confessional, et à St-Georges. Pas un jour de cette longue existence où ne se soit réalisé ce que nous venons de dire. Il fut de bonne heure surchargé dans ce travail. Les âmes s'attiraient, se groupaient à l'envi autour de lui, et s'épanouissaient sous la douce et bénie influence de ce cœur sacerdotal. Personne ne s'est aperçu de ses lassitudes et n'a connu que quelqu'impatience lui soit échappée. Passé maître dans l'art divin de soigner les âmes, grâce à son union habituelle avec Dieu, et à la sagesse parfaite qu'il puisait à cette véritable source, il ne pouvait se lasser de les réconcilier avec ce Dieu saint et avec elles-mêmes. Il s'efforçait de les porter sans cesse, dans leurs rapports intimes avec le Seigneur, à des sommets plus glorieux et à des mérites plus grands. Médecin parfait, il se félicitait de rendre sain et fort à la société un membre jusque-là vicié; de rendre à l'église un fils qu'on avait cru mort. C'est encore là, dans ce service des âmes, qu'il s'est montré un grand serviteur de Dieu, et mieux que dans la théorie un véritable philanthrope. A exercer ainsi, si dignement et si longtemps, le divin ministère du pardon on juge de tout le bien qu'il a fait autour de lui ; aussi ne paraît-il pas téméraire de le comparer au saint curé d'Ars, puisqu'il avait la même ardeur que ce bienheureux pour la sanctification des âmes, et que l'un et l'autre ont usé leur existence dans ce sublime apostolat de la confession.

Enfin, pour compléter ce que nous avons à dire sur l'admirable abnégation de M. Servant et sur le don si complet qu'il a fait de lui-même à sa famille paroissiale, ajoutons que sa prière de prêtre et de pasteur n'a été que la suite et une autre forme de ce prodigieux dévouement. Le temps qui lui restait après d'aussi multiples occupations, il avait hâte de le consacrer aux intimes entretiens avec Dieu. Il achevait dans ces rapports surhumains l'œuvre de sa paternelle sollicitude. C'est pour nous, en ce moment, qu'il faisait appel à l'infinie puissance et à la miséricorde sans bornes du Seigneur. Près de Lui aussi, il puisait la force de se dévouer de nouveau. C'était son meilleur repos que d'entr'ouvrir de plus en plus, par ses puissantes intercessions, le ciel sur nos têtes et nos besoins. Pendant que dans la plaine ses chers enfants combattaient le rude combat de la vie, lui agenouillé dans le sanctuaire priait, comme jadis Moïse sur la montagne, pour nous assurer le succès. Il nous avait dans sa pensée, croyons le bien, et nous associait à ses adorations dans ses longues et fréquentes stations auprès de la victime divine qui réside au saint tabernacle. Avec Elle et par Elle, il nous obtenait les mille grâces nécessaires du jour présent, et des jours qui doivent se succéder jusqu'à la fin. Il paraissait vraiment alors, par ce feu céleste qui rayonnait sur son visage, l'ange visible, le protecteur providentiel de cette chère paroisse. Vous d'abord, vous surtout, étiez présentes à sa pensée, et à ses instances auprès de la majesté divine, âmes saintes, qui avec lui avez su coopérer au bien. Il demandait à Dieu que votre zèle persévérant fut toujours sa consolation et qu'il y eut, entre lui et vous, assaut continuel d'une sainte émulation pour la gloire du Très-Haut.

Mais, il avait aussi présentes dans son cœur angoissé, comme sur un calvaire, ces malheureux aveugles, ennemis de leur propre bonheur et qui dans leur folie tournant sans cesse le dos à la vraie direction, se préparent après mille déceptions en ce monde, un terrible réveil dans l'autre. A coup sûr, Dieu aura pris en pitié les douloureuses plaintes et la prière assidue de ce juste, qui, au lieu et place de ses brebis coupables, s'offrait en victime d'expiation. A cause de lui, sans doute, miséricorde aura été faite à un grand nombre d'entre elles. Et vous pères et mères, vous excellentes familles, qui composiez cette grande famille paroissiale si chère à son cœur, vous qui consacrez avec raison votre amour et vos forces à préparer l'avenir de vos enfants ; vous tous pauvres malades, et souffrants de son troupeau, croyez bien qu'il vous désignait tout particulièrement aux attentions du divin Maitre, au vrai consolateur de toute peine. Il demandait pour les uns la patience et le profit éternel qui en résulte, et pour les autres, la sagesse qui consiste à mettre au-dessus de tous les biens d'ici-bas, les biens impérissables du ciel. Il demandait qu'on sut de préférence assurer ceux-ci à des enfants qu'on aime, et qu'en leur assurant ainsi ce beau ciel on se l'assurât à soi-même pour s'y retrouver tous un jour.

Ayant ainsi rempli à la mesure de son

cœur ce grand devoir de l'amour et de la prière, M. Servant revenait avec allégresse aux divers travaux de son ministère : le confessional, le soin des pauvres, le souci de la paroisse ; se dépensant se donnant de nouveau, et trouvant là l'exercice naturel d'une *activité transformée par la grâce.* De chacune de ces belles journées, il pouvait dire ce que l'empereur romain ne pouvait dire que de quelques-unes des siennes ; rendons grâce à la divinité ; voilà une journée qui n'est pas perdue !

Abnégation et renoncement personnel de M. Servant en faveur de sa paroisse.

Quand on se donne aux autres, ainsi que M. Servant l'a fait, il faut nécessairement s'oublier soi-même ; et cet oubli est souvent allé chez les saints jusqu'au sacrifice de la santé, et jusqu'au sacrifice de la vie. Sans doute, nous devons rester dans les limites de l'exactitude et ne rien exagérer pour glorifier mieux celui qui nous est cher. Croyons, toutefois, que M. Servant, dévoué comme il l'était, n'aurait pas hésité à donner sa vie, si cela eût été nécessaire pour le salut et le bonheur de l'un d'entre nous. Dieu n'a pas réclamé de lui un tel sacrifice, comme preuve de sa charité pastorale, c'est sans doute qu'il a voulu le lui faire accomplir dans le détail, avec moins d'éclat peut-être, mais non moins de mérite aussi. On a vu, dans des temps de calamités publiques, tel ou tel pasteur dévouer sa vie à son troupeau; mais, pendant cinquante-cinq ans, porter avec une joyeuse générosité le fardeau du ministère pastoral; pendant plus d'un demi-siècle ne s'appartenir jamais, afin d'être tout entier et toujours aux autres, n'est-ce point une immolation supérieure, une immolation héroïque? Le mot d'immolation n'estpas trop fort, jugez-en par les détails que voici :

Alors, en effet, que de sérieuses indispositions auraient pu, surtout à l'époque de la vieillesse, dispenser ce bon père du travail journalier de la confession, de la visite des pauvres et des malades, de la prédication ou du catéchisme, ainsi que de l'obligation de présider chaque office et de diriger enfin toute une paroisse, jamais il ne s'est dispensé de remplir ces multiples et pénibles fonctions. Il prenait plus que sa part des fatigues du ministère paroissial; il n'aurait pas voulu surcharger les autres à son profit, craignant toujours de se ménager trop. Souvent même il lui arrivait de suppléer, bien volontiers, ses chers collaborateurs ; il les aimait tant ! C'étaient d'autres lui-même, ministres du Seigneur comme lui ! Il se trouvait heureux de leur être agréable, heureux de donner une marque d'affection à ses jeunes vicaires, en leur procurant un délassement qu'il croyait nécessaire à leur santé.

Pour lui, il ignorait jusqu'aux délassements les plus légitimes que peut se permettre un homme de travail et le prêtre lui-même à certains moments de répit. Entièrement dépouillé de lui-même, M. Servant se regardait comme redevable envers sa famille de Saint-Georges, de tout son temps et de toutes ses ressources. Même pour un voyage de piété, il aurait craint de faire quelque tort aux pauvres ses enfants. Le séparer de ses paroissiens, ne fut-ce que pour peu de jours, c'eût été le mettre en dehors de l'élément nécessaire à sa vie ; à tel point, qu'il résista à toutes les sollicitations de son bien-aimé frère, un jour que celui-ci le pressait de partir avec lui pour visiter la capitale du monde chrétien, et pour assister au spectacle grandiose de la canonisation des martyrs japonnais. Tous les frais devaient être payés, le voyage serait rapide, l'occasion était unique, le motif religieux : instances vaines qui, réitérées au moment où le vaisseau allait lever l'ancre, trouvèrent inflexible le bon curé de Saint-Georges. Peut-être se serait-il décidé à partir, s'il avait pu emmener avec lui toute sa famille paroissiale et procurer à ses chers enfants la joie et l'édification d'aussi beaux spectacles. Pour être absolument véridique, disons qu'une fois, cependant, ne pouvant plus opposer aux tendres exigences de son frère, une résistance qui eût paru de l'opiniâtreté et de la sécheresse de cœur, il accepta un tout petit voyage de famille jusque dans les murs assez rapprochés de la bonne ville de Clermont. Mais, ajoutons aussi, qu'il fit payer chèrement sa capitulation, au prix de ce beau vitrail de la Sainte Vierge qui témoigne ainsi de son affection pour nous.

Prenant un si petit soin de lui-même, M. Servant ne se laissait pas même arrêter par la maladie. Plus d'une fois, travaillé par la fièvre et les autres misères de l'âge, il les supportait en silence et ne s'inquiétait pas d'aussi peu; levé quand même à son heure habituelle, ne se couchant pas une minute plus tôt, il se guérissait du mal en le lassant. Déjà atteint du coup, qui devait nous l'enlever, il célébrait, il prêchait encore : la mort seule pouvait briser les liens qui l'avaient unis si longtemps à sa douce et bien chère paroisse. Cela est si vrai, que la cure de Saint-Bonaventure étant venue à vaquer en 1859, l'administration lui en fit l'offre inutile; il préféra laisser un poste plus élevé aux yeux des hommes, mais parlant moins à son cœur que son bien-aimé Saint-Georges.

Une fois cependant, il fut sur le point de rompre lui-même le lien si fort qui l'attachait à nous : douloureux et touchant épisode où la Providence voulut montrer, pour la rendre plus précieuse encore, toute la valeur de son affection. M. Servant, par des sacrifices multiples pour son église et pour les pauvres, ses enfants, en vint un jour, comme tant d'autres saints avant lui, et comme on l'a déjà vu au cours de ce récit, à se trouver dans l'absolue pauvreté. Que faire?... répondre aux malheureux de sa paroisse qu'ils eussent à frapper à une autre porte... Que pour lui, tout en restant Curé, il ne lui était plus possible de les secourir?... Se tranquilliser ainsi, concilier de la sorte deux alternatives aussi disparates! jamais. Aussi, pensa-t-il que son rôle venait de finir, et qu'un successeur, mieux pourvu que lui, serait l'homme providentiel destiné à cette famille dont il ne pouvait plus être le père charitable.

Dieu sait quelle dut être son angoisse dans ce douloureux moment!... Mais, à ce moment même, la Providence, toujours si douce et si maternelle, voulut que son successeur ce fut lui-même; Elle ne laissa pas aller jusqu'au pire, ni pour lui ni pour nous, cette douloureuse épreuve : une chaleureuse pétition, sortie du cœur de tous; une sage combinaison, aussi honorable pour celui qui en conçut l'idée et la proposa, — Son Eminence Mgr Caverot, — que pour celui qui s'empressa d'y accéder, le vertueux Curé de la riche paroisse d'Ainay, — M. Dutel, — conserva à la paroisse de Saint-Georges, celui que la mort seule pouvait lui arracher.

Oh! Messieurs, oh! chers amis, qui m'écoutez et pleurez encore avec moi au souvenir d'une pareille affection, dites, quelle n'a pas dû être au Ciel la récompense d'une telle vertu, la couronne glorieuse de ce père bien-aimé, dont l'amour restera l'éternel honneur de notre paroisse ?

M. Servant est nommé curé de 1re classe, chanoine, et chevalier de la Légion d'honneur

Tant de mérites devaient cependant recevoir une première récompense dès ici-bas. L'administration diocésaine pour honorer le vertueux pasteur qui donnait de si beaux exemples de vertu le nomma « Chanoine d'honneur » le jour de la dédicace des Eglises, le 13 novembre 1859. — M. Servant avait alors cinquante-six ans ; il est donc resté Chanoine de cet archidiocèse pendant près de trente ans. — Ce fut le premier Chanoine dont la nomination honora la paroisse de Saint-Georges. Nous avons tout espoir qu'elle verra se renouveler une distinction dont elle sut s'enorgueillir alors. De son côté l'autorité civile qui appréciait le bien moral accompli par cet excellent curé, et qui voulait récompenser l'édification si méritoire d'un beau monument et d'un beau sanctuaire à Lyon, non moins que l'influence morale de ce vertueux citoyen, l'éleva, par décret du mois d'avril 1886, à la dignité de curé de première classe personnelle. Elle ne s'en tint pas à cette première distinction. Plus tard elle fit de ce vaillant prêtre, vrai type de l'honneur et de l'énergie sacerdotale, un « Chevalier de la Légion d'honneur ».

Vous nous permettrez de dire dans quelles touchantes circonstances se produisit ce fait intéressant :

C'était le 10 septembre 1876. A huit heures et demie du matin, un gardien de la paix remit à M. le Curé un pli qui l'invitait à se présenter à l'audience du Maréchal de Mac-Mahon, de passage alors dans notre ville. Le Maréchal fit connaître à M. le Curé son élévation à la dignité de « Chevalier de la Légion d'honneur » et lui demanda quel parrain il choisissait pour recevoir de lui le titre et l'accolade de Chevalier.

Notre bon curé plus que confus de l'honneur auquel il prétendait si peu, répondit qu'il prendrait pour son parrain M. Pagnon, Vicaire Général et son ami particulier.

Ces deux vénérables ecclésiastiques bien dignes l'un de l'autre par l'égale affabilité de leurs manières et l'égale ferveur de leurs âmes, s'attiraient réciproquement par ces saintes analogies de caractère.

C'était chez tous deux avec des mérites peu communs, la même modestie et la même candeur, la même déférence pour chacun de leurs confrères; aussi de quelle sympathie et de quelle estime n'étaient pas entourés ces deux vénérés prêtres. Il ne pouvait pas ne pas y avoir entre ces deux aimables natures, comme un attrait, comme un élan de l'une à l'autre. Les saints, comme on le voit dans la glorieuse histoire des âmes pures, éprouvent à se rencontrer, le bonheur qu'un St-Vincent-de-Paul et un François de Salles éprouvaient à se trouver ensemble. Chaque saint perçoit dans le cœur d'un autre saint son ami, comme une vision supérieure de la Divinité. Leurs vertueux entretiens redoublent en eux l'estime des choses du ciel et augmentent la ferveur de leur âme. Dans ce doux commerce de leur amitié il y a plus qu'un délassement et un passe-temps vulgaire, il y a accroissement de cette sainteté qui va à la gloire de Dieu et au bien du monde. Quel noble spectacle que celui de ces amitiés saintes! Qu'il était doux d'en contempler le touchant spectacle dans l'amitié réciproque de M. le Curé de St-Georges et de M. le Vicaire Général Pagnon !...

Or donc, M. Servant accompagné de ses deux témoins, M. Georges Poix et M. Murat, tous deux fabriciens venus avec lui pour attester son identité, fixa de concert avec M. Pagnon le jour de la cérémonie publique, qui eut lieu peu de temps après dans le salon du presbytère. M. le Vicaire Général dut éprouver une joie bien pure en donnant l'accolade des braves à ce fidèle et digne serviteur de Dieu, et en déposant la Croix d'honneur sur un cœur généreux qui n'avait jamais battu que sous l'impulsion du devoir et du dévouement au prochain. L'assistance était nombreuse. Tous les Vicaires Généraux s'étaient fait un devoir d'être présents à cette fête de famille; une foule d'ecclésiastiques distingués, amis et anciens vicaires, mêlés aux honorables familles Servant, Chavanis et Lecoffre ainsi qu'à MM. les fabriciens, se pressaient autour du bon curé et le félicitaient à l'envi.

La fanfare du Cercle termina cette heureuse journée par l'exécution d'une harmonieuse sérénade en honneur de ce preux moderne dont la vertu s'exaltait et s'enflammait sans doute au souvenir des vertus de notre glorieux patron, le Chevalier Saint-Georges.

Du reste, comme nous l'avons déjà dit, M. Servant par la hauteur de son caractère et de son mérite sacerdotal, ralliait à lui une foule d'amitiés honorables. Mgr de Charbonnel, en particulier, lui était resté très attaché, depuis qu'il l'avait eu pour élève au Grand Séminaire de Lyon. Ce fut lui qui voulut présider plus tard les noces d'or de notre bon Curé. Celui-ci de son côté s'honorant d'aussi nobles attaches, lui avait fait parvenir une croix pastorale d'évêque lorsque le vaillant missionnaire de ces lointains pays vint du Canada à Rome recevoir la consécration épiscopale des mains mêmes du Saint-Pontife Pie IX.

L'estime des archevêques qui s'étaient succédés sur le siège de Lyon n'était pas moins acquise à notre vénéré pasteur. Ce n'est pas la faible distance de Saint-Georges à Saint-Jean qui le leur faisait mieux connaître, mais l'éclat d'une vertu dont s'honorait le clergé tout entier; son titre de Doyen des Curés de Lyon, dont il fut longtemps le plus ancien, le fit souvent l'interprète autorisé, et même très éloquent de ce remarquable clergé de la ville, quand celui-ci amené par quelque circonstance particulière venait offrir au vénérable archevêque l'hommage de son dévouement.

C'est à ce titre, qu'avec l'aimable M. Chaumont, curé de Saint-Polycarpe, M. SERVANT alla en tête du cortège ecclésiastique, à la rencontre de Mgr Caverot devenu notre archevêque et lui fit le compliment de bienvenue.

Mais où ces diverses amitiés si nombreuses et toujours grandissantes,se donnèrent libre cours, ce fut à l'époque d'impérissable souvenir, où M. le curé de St-Georges renouvela par la célébration solennelle de ses noces d'or, les intimités sacrées d'une première journée de sacerdoce. Nous vous devons, bien chers amis, le récit d'une fête aussi glorieuse pour notre père qu'elle fut douce et honorable pour ses enfants.

On peut croire que d'autant plus saint qu'il était plus humble, et d'autant plus éclairé qu'il était plus saint, M. SERVANT ne voyait pas sans quelque effroi la responsabilité que fait peser sur une conscience sacerdotale cinquante années de ministère. Chargé de l'obligation redoutable de sauver les autres, pour se sauver soi-même ; placé d'autre part entre la faiblesse humaine personnelle à chacun, toujours un peu survivante, et l'apathie, les passions, l'ingratitude même des âmes à sauver, quel prêtre, quel pasteur n'appréhenderait, après de nombreuses années de ministère, de s'être trouvé quelquefois en défaut ?... La foi, il est vrai, montre à ce serviteur humilié la miséricorde divine plus grande que les surprises et les défaillances de notre pauvre nature ; aussi se relevant avec confiance au jour béni de son cinquantenaire, il voudra gagner, avec des faveurs nouvelles, cette miséricorde divine qu'il connait si bien. Il s'y efforcera par la ferveur rajeunie avec laquelle il va inaugurer comme une deuxième vie sacerdotale. Dans cette arrière journée que Dieu lui accorde encore, et qu'il va faire glorieuse, il saura retrouver tous les sentiments de son ordination ; il y ajoutera tous ceux encore que la méditation et l'exercice de la vertu ont dût produire en lui. Se vouant de nouveau et joyeusement à la gloire du Seigneur, au salut des âmes, il effacera comme il le désire, les fautes échappées à la fragilité humaine, il augmentera la somme de ses mérites, et préparera de plus en plus les récompenses prochaines. Mais si ce vieillard et ce pasteur peut, comme M. le curé SERVANT, se rendre le témoignage précieux que jamais il n'a manqué sciemment à l'une de ses obligations pastorales, quelle auréole particulière ne brillera pas alors à son front de prédestiné, au jour glorieux de de ce renouvellement sacré !... Quelle émouvante fête ne sera pas non plus pour l'heureuse paroisse, cette fête de famille où elle verra se renouveler, en sa faveur, le pacte du plus beau des dévouements !... Telle fut la journée dont nous rappelons ici le souvenir. Dieu voulut y glorifier une fois de plus son fidèle serviteur ; et cette solennité après laquelle soupiraient tant de cœurs, d'amis et d'enfants, fut fixée par Mgr de Charbonnel, qui voulut bien la présider, au 22 juin de l'année courante 1881.

Dès la veille à midi, les harmonieuses cloches de notre élégante flèche, annoncèrent, à qui mieux mieux, pour ainsi dire, les allégresses du lendemain. Elles appelaient l'heureuse famille de Saint-Georges auprès du meilleur des pères, pour recueillir un nouveau témoignage de cet attachement si ancien déjà, et toujours inaltérable. Interprètes des sentiments de tous, elles nous invitaient à venir attester à notre tour, par notre présence empressée, les sentiments d'amour et de reconnaissance qui devaient être pour cet excellent père la meilleure récompense de tous ses bienfaits.

Oh que l'église fut belle et radieuse ce jour là! et malheureusement trop étroite aussi!... Comme la joie y circulait!... C'était bien là le foyer divin des plus douces affections d'ici-bas.

Revêtu des plus beaux ornements sacerdotaux, il parut à tous ce vénérable pasteur, ce noble vétéran du sacerdoce, comme un patriarche des premiers âges. Soixante-dix-huit ans d'un généreux labeur avaient mis sur son front une couronne de cheveux blancs; et la vertu l'avait empreint d'une majesté surnaturelle. Le visage de ce père bien-aimé et de ce fidèle serviteur traversant les rangs pressés de ses enfants, et recueillant déjà le fruit de ses nobles travaux, s'illuminait comme d'une sérénité intime et toute divine. Pendant qu'il s'avançait aux regards d'une foule ravie et tendrement émue, jusqu'auprès du Dieu qu'il avait servi dès sa jeunesse et qui lui en avait conservé l'amabilité et l'ardeur, les cloches sonnaient à toute volée et chantaient à leur manière les cantiques d'une joie que la parole humaine est impuissante à exprimer. Alors le chœur des jeunes filles de la paroisse, admirablement dirigé, exécuta avec une émotion bien sincère et qui traduisait le sentiment général, une magnifique cantate de circonstance.

Aussitôt après, M. le Curé entonna le « *Veni Creator* » et l'assistance continua ce sublime chant avec un élan parti du cœur. Alors M. SERVANT commença la sainte messe, assisté de Mgr Pagnon et servi par ses anciens vicaires, MM. Salesse (1) et Masson.

A l'Évangile, Mgr de Charbonnel, l'illustre président de cette fête sacrée, étant monté en chaire, retraça, avec toute l'autorité d'un évêque et d'un ami, la vie exemplaire de ce bon pasteur. Ce discours, que nous ne pouvons pas malheureusement nous remémorer,

(1) Aumônier de la Solitude, auteur de plusieurs ouvrages estimés, ce bon prêtre est resté pendant seize ans le collaborateur dévoué de de M. Servant, et nous a donné pour cette notice plusieurs précieux renseignements. — L. C.

était le touchant éloge d'un saint fait par un autre saint. Il fut suivi d'une cérémonie liturgique bien respectable en soi et qui devint plus touchante encore dans cette circonstance particulière :

Le frère de notre bon curé, M. Guillaume Servant faisait l'offrande du pain. Cette offrande amena aux pieds de ce frère chéri, consacré pour ainsi dire une deuxième fois, et près de cet oncle digne de tant de vénération, huit de ses petits neveux. Ces jeunes enfants, comme une députation de petits anges, représentaient sans doute la famille personnelle de M. le Curé, mais ils représentaient aussi cette famille, plus nombreuse encore, qu'il s'était faite au milieu de nous par la sollicitude paternelle dont nous étions l'objet. Ces huit innocents enfants, au milieu d'une si belle et si rare cérémonie, agenouillés aux pieds de ce noble vieillard et de ce célébrant glorieux resté comme eux candide et pur, est un tableau que l'on ne peut oublier; il serait digne de tenter le pinceau d'un grand maître.

La messe terminée, M. le Curé monta en chaire pour remercier tous ses paroissiens et tous ceux dont la présence avait embelli cette fête et réjoui son cœur.

Il reprit le texte même dont il s'était servi au jour où on l'avait installé curé de Saint-Georges. « *Je suis le bon pasteur, le bon « pasteur donne sa vie pour ses brebis.* » Ce texte, tout le monde le lui appliquait; lui, au contraire, le commentant en toute humilité, disait qu'il aurait voulu et dû faire davantage pour réaliser ce divin programme; mais qu'il s'efforcerait à nouveau et chaque jour davantage de le mieux remplir. Pareille modestie rehaussait un dévouement de tant d'années, et le mérite de l'excellent curé brillait d'un éclat encore plus pur dans cette humilité qui venait du cœur. Complète fut la joie que l'on avait de posséder un tel pasteur, et complet le désir de le garder le plus longtemps possible, après ce beau jour.

La cérémonie se termina par une magnifique bénédiction du Saint-Sacrement. C'est au milieu d'une illumination éblouissante, le cœur surtout plein des émotions les plus douces, que le vénérable curé éleva, pour la bénir, sur cette foule qu'il aimait, le Dieu des saintes affections; ce Dieu qui peut seul donner ici-bas de pareilles félicités, et qui, en les donnant, passagères sans doute, mais bien consolantes aussi, fait pressentir ce que seront au Ciel les félicités qui ne passent pas.

A la suite de l'office, M. le Curé entonna d'une voix vibrante et comme rajeunie par l'amour, un solennel « Te Deum » d'actions de grâces. Pendant le chant de ce cantique d'allégresse, Mgr de Charbonnel et tous les membres du clergé donnèrent à M. le Curé et reçurent de lui le divin baiser de paix. C'était un spectacle vraiment céleste qui laissa au cœur de tous, le souvenir le plus heureux et le plus ineffaçable. Au sortir de l'église, des vivats enthousiastes accueillirent M. Servant. On avait semé son passage de feuillages; on se pressait autour de lui. Ces démonstrations attestaient la légitime popularité que son affection fidèle et ses vertus lui avaient acquises. Des agapes cordiales avaient été préparées à un nombre aussi grand d'invités que la salle du presbytère put en contenir.

Là, M. Blanchon, le distingué rédacteur de l'*Echo de Fourvière*, et parent de notre Curé, ajouta aux charmes de cette aimable fête, celui des vers les plus heureux en honneur de notre cher pasteur. Interprète habile et sincère des sentiments de tous, il exprima, en traduisant l'amour et la vénération de chacun, le vœu que M. SERVANT pût célébrer sa soixantaine de prêtrise. Dieu a béni ce souhait, qui s'est à peu près réalisé. Enfin, comme mémorial d'une si douce journée, chaque convive trouva à sa place, et put emporter précieusement, la photographie de celui qui fut le héros de cette belle fête.

Toutes les confréries de la paroisse prirent part à cette heureuse solennité, et chacune témoigna, par un présent délicat, les sentiments si particuliers que lui inspirait ce digne pasteur. Les deux confréries du Saint-Sacrement et de la Bonne-Mort présentèrent une aube brodée de grande valeur; celle de Sainte-Catherine offrit un magnique camail; la confrérie de Notre-Dame de toute consolation, de fort beaux canons d'autel. Un généreux anonyme fit parvenir une magnifique chape brodée en or fin. Les Sœurs de Saint-Vincent-de-Paul, presque paroissiennes avec nous, témoignèrent leur attachement à M. le Curé par une aube brodée au filet. Un autre donateur anonyme fit présent d'une grande paire de candélabres à treize lumières. Les chanteuses de la

4

paroisse à leur tour, montrèrent toute leur piété par le don qu'elles firent, en cette circonstance, d'une garniture d'autel en soie blanche brodée en or fin. Un huméral donné par la confrérie de Sainte-Marguerite, ainsi que plusieurs autres dons affectueux vinrent contribuer à la gloire de Dieu, en honorant le pasteur qu'il avait donné à cette paroisse. Ainsi, tout fut marqué au coin du sentiment chrétien dans ces prodigalités pieuses et dans cette magnifique démonstration d'un attachement si légitime.

Du reste, rien ne pouvait mieux honorer M. le Curé, et répondre davantage aux sentiments intimes de ce bon et fidèle serviteur, que de glorifier, à l'occasion de son heureux cinquantenaire, le bon Maître à qui il rapportait sans cesse tout bien et tout honneur.

Il suffisait, en effet, de voir la splendeur de son église pour juger que toute la passion de son cœur était là.

Ce zèle de la maison du Seigneur, comme moyen de s'acquitter envers Lui, de tant de bienfaits reçus et de sanctifier les âmes, il le communiquait aux excellentes personnes qu'il avait su vouer aux soins des autels;

aussi c'était merveille de voir comment cette paroisse de Saint-Georges avec des ressources très modestes, rivalisait de splendeur, dans les jours de fête, avec des paroisses mieux partagées et mieux dotées qu'elle ne pouvait l'être. Un goût vraiment pieux et dégagé d'intérêts vulgaires, avec le désir filial de plaire à celui qui inspirait ces nobles sentiments, portait, et notre excellent sacristain, et les personnes habiles chargées de parer l'église, à accomplir avec amour leur religieux travail. C'était comme un petit corps d'élite, jaloux de partager les mérites de M. Servant et son zèle sacré pour la décoration de l'habitation divine.

Telle fut, chers confrères, cette touchante manifestation de l'amour de tout un peuple pour son dévoué pasteur. Elle se reproduira une dernière fois encore, avec non moins d'expansion et d'intensité, mais alors toute faite de pleurs, de deuil et de regret, lorsque M. Servant arrivé au terme de sa belle carrière ira recevoir au ciel la couronne des élus. Nous aurons à vous la retracer ici, cette triste solennité, et là se terminera notre douce tache de narrateur ; mais avant d'en arriver à ce douloureux récit, laissez-nous solliciter quelques instants encore votre bienveillante attention. Nous voudrions vous arrêter sur deux points bien particuliers de cette sainte existence, qui nous ont paru bien propres à nous édifier davantage et à nous faire apprécier encore mieux, s'il est possible, une vie qui nous aura laissé de bien précieux enseignements.

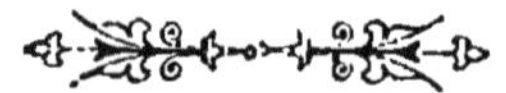

TROISIÈME PARTIE

Sentiments et Vertus de M. SERVANT

Nous venons de voir ce Curé modèle et ce père vénéré dans l'accomplissement des diverses œuvres de son ministère; c'est, d'un côté, l'édification de son église avec le soin des malheureux; et de l'autre, le travail moral si complexe qu'exige le salut des âmes. Il est un détail particulier de ce gouvernement spirituel, qu'il serait peut-être fâcheux de sous-entendre et d'omettre dans ce récit rapide d'une vie si bien remplie.

Nous y verrions, une fois de plus, l'incroyable activité et la haute sagesse de ce modeste serviteur de Dieu. Là nous jugerions peut-être mieux, avec lui, certaines associations pieuses que le monde dédaigne et qui, au fond, sont pour les paroisses, aussi bien que pour la société, le principe d'une vie supérieure. En parlant des soins attentifs que M. Servant prenait des confréries de Saint-Georges, nous nous expliquerons mieux aussi l'empressement avec lequel ces pieuses confraternités de la paroisse voulurent, au jour de la cinquantaine du vertueux Curé, lui donner une particulière marque de leur reconnaissance pour sa précieuse direction.

Après avoir porté notre attention sur ce point, ne nous sera-til pas permis, par une sainte curiosité, et dans un but d'édification qui doit être le fruit de cette modeste étude, de pénétrer plus avant dans l'intimité de cette âme sainte, pour y découvrir les ressorts cachés, les causes premières d'une vertu si haute et si multiple ? Il est, pour les vertus comme pour les vices, un enchaînement qui mène d'un premier principe aux conséquences les plus diverses. Cette hiérarchie des bons sentiments qui s'engendrent les uns les autres, comme l'enseigne le prince des Apôtres, dans sa seconde Epître, nous voudrions, pour notre instruction même, l'étudier dans M. Servant, et juger ainsi par quelle heureuse association de la nature et de la grâce il a pu s'élever et se maintenir si haut, ce doux et humble prêtre, dont la vertu féconde fut si riches d'œuvres multiples et durables.

Ce que M. Servant pensait des confréries en général, et de celles de Saint-Georges en particulier

Relativement donc aux confréries, remarquons d'abord que M. Servant, homme de travail et de zèle pratique ne se contentait pas d'être l'instigateur du bien; mais que, pour en faire réussir l'entreprise, il s'y dévouait personnellement. Tout appliqué à la direction réelle et non pas seulement honorifique des œuvres diverses qui font fleurir une paroisse, il pensait que ce n'est pas seulement la voix et le geste, mais les efforts et tout l'exemple individuel qui font aboutir les bons desseins. Il savait aussi que c'est par la négligence des détails que les établissements les plus solides périclitent. Si cette négligence compromet les choses temporelles; si l'horticulteur, par exemple, qui oublie de veiller soit aux racines, soit à la frondaison de son arbre, doit le perdre tout entier; de même en sera-t-il pour les choses spirituelles, où l'esprit humain, toujours si lourd et rabaissé se lasse si vite; de même aussi, pour les confréries qui, sans être toute la paroisse, en sont comme les maîtresses branches et les racines vivifiantes.

Suivant lui, et suivant tous ses chers confrères du ministère paroissial, les associations pieuses répondent, chacune par sa nature, à quelqu'un des besoins spirituels du corps chrétien tout entier.

Il avait donc bien soin, ce bon pasteur, que chaque confrérie sût remplir sa religieuse fonction. C'est là ce qui l'a porté à en établir plusieurs nouvelles à Saint-Georges. Comme un bon père qu'il était, et qui devine, pour sa famille, ce qui lui sera le plus profitable; comme un chef habile qui voit le succès définitif résulter de chaque effort individuel, il estimait qu'il devait à tout prix, et coûte que coûte pour lui, obtenir de chaque association ce fruit particulier, cette lumière, cette flamme qui lui est propre, cet élan vers le ciel, et en haut, dont la paroisse entière devra profiter. Aussi, sa conscience et son cœur ne pouvaient se résoudre à abandonner à qui que ce fût, pour s'en décharger un peu, la responsabilité des détails qui n'est, après tout, que la responsabilité de l'ensemble. Comme il aimait ces confréries qui coopéraient par la beauté de leurs exemples et la perfection de leurs œuvres à son zèle paternel et au salut de tous! Les aînés et les forts de cette famille paroissiale qu'il comprenait ainsi, en venant au secours des plus faibles, et en sauvant leurs frères bien-aimés, se sauvent plus facilement eux-mêmes; et de la sorte cette chère famille composée de tant d'éléments divers, se reformera de plus en plus au ciel pour s'y épanouir à jamais.

Sans doute, pour un si grand résultat, il faut des efforts incessants; mais l'amour les rend faciles; et c'est au prix de cet héroïsme que se rassure un pasteur qui veut emmener avec lui dans la gloire, le plus grand nombre possible de ses enfants.

Il sera édifiant sans doute de dire ici, le plus rapidement que nous pourrons, ce que désirait et demandait M. Servant de chacune des confréries de Saint-Georges.

M. Servant et les Confréries du Saint-Sacrement et du Sacré-Cœur.

A ses yeux, la confrérie du Très Saint-Sacrement devait précéder toutes les autres en dignité, à raison même de son objet qui est le plus sacré de la religion. L'Eucharistie, le Saint-Sacrement! C'est là le tout par excellence de notre vie religieuse. Centre et pivot du culte chrétien, l'Eucharistie est le vrai lien du ciel et de la terre. Un Dieu s'est un jour immolé et comme anéanti pour nous sur le Calvaire! Ce sacrifice ineffable, il a voulu, ô merveille d'amour! le renouveler sans cesse jusqu'à la consommation des siècles. C'est sur l'autel catholique, c'est au tabernacle, où il reste captif, qu'il vient jour et nuit, offrir sa vie pour les hommes. Pourrait-on le bénir jamais assez d'une pareille tendresse? Et vous qui êtes appelés à la glorifier, oh! chers Confrères du Très Saint-Sacrement, soyez fiers et bien fiers d'une si noble fonction!

M. Servant aimait aussi cette noble phalange de chrétiens, trop petite encore au gré de son cœur, mais puissante devant Dieu, comme la troupe de Gédéon, parce qu'elle réunit et amène aux pieds du véritable Maître l'élite des hommes d'une paroisse. Ceux-ci en confessant, au-dessus de tout respect humain, au milieu d'un monde pusillanime, le saint nom de Jésus, s'assurent à eux-mêmes l'éternelle glorification promise aux confesseurs fidèles de ce Nom béni.

La magnifique chapelle du Sacré-Cœur, à Saint-Georges, placée à côté du grand autel, vrai centre eucharistique, indique bien comment les sentiments pieux de ce saint prêtre s'enchaînaient l'un à l'autre d'une manière logique et vraiment conforme aux enseignements de l'Eglise.

Puisqu'un Dieu nous a aimés jusqu'à se faire notre aliment afin de partager avec nous sa vie même, et sa divinité, nous devinons bien *qu'il nous aime d'un amour immense : amour dont il est impossible, dit saint Paul, de mesurer la sublimité et la profondeur*. Mais Dieu nous a fait une révélation qui dépasse encore nos pressentiments, et qui met le comble à notre bonheur. C'est son cœur lui-même qu'il nous a donné, a-t-il dit à la glorieuse confidente de ses infinies tendresses. Or, que pensons-nous ici-bas de celui qui nous donne son cœur? Nous le mettons dans notre reconnaissance au-dessus de tous les hommes; et nous jugeons qu'étant maîtres de ce cœur d'ami, nous sommes maîtres aussi de tout ce qui lui appartient; nous bénissons mille et mille fois ce cœur aimant; mille et mille fois cet homme de cœur. Mais que dire de la possession du cœur de Dieu ! C'est posséder plus que sa beauté, plus que son intelligence, plus que sa puissance infinie, car c'est le posséder tout entier lui-même! tel est le mystère qui est comme le complément du mystère eucharistique et que doit exalter la belle confrérie du Sacré-Cœur.

Il voulait, ce bon Curé, au cœur tout rempli du cœur de Dieu, que tout en appartenant à d'autres confrériee, si l'on ne pouvait s'aggréger à celle-là, on ne négligeât pas de pratiquer cette précieuse dévotion au Sacré-Cœur. Révélée à nos temps troublés, elle doit apporter un motif encore plus particulier d'espérance aux âmes fidèles; il rappelait, pour les faire désirer, les grâces sublimes que le disciple bien-aimé trouva dans le cœur du Bon Maître en reposant sa tête sur sa poitrine sacrée. Allons donc, disait-il, à ce Cœur qui nous a tant aimés, puisqu'il est à nous; allons aussi par ce cœur transpercé d'amour jusqu'au Père que ce divin Fils a tant honoré, au moment où nous l'offensions; et obtenons par ce Cœur si tendre une miséricorde assurée.

M. SERVANT ET LA CONFRÉRIE DE LA BONNE-MORT.

Parmi tant de grâces nécessaires à nos immenses besoins, et à notre courte vie, grâces diverses dont chacune est le but d'une confrérie particulière; il en est une surtout, qu'on a nommée la grâce des grâces, et qui met le sceau à toutes les autres. Toutes doivent converger vers celle-là et la préparer; c'est la grâce d'une bonne et sainte mort. Il attachait donc une importance toute particulière, j'allais dire presque exclusive, à cette intention supérieure qui fait l'objet même et la haute importance de notre belle association. Cette institution avantageusement connue il l'avait trouvée établie dans la paroisse quand il en fut nommé curé. Il s'y attacha comme à une ancre de salut, autant pour lui-même, que pour tous les confrères qui s'y enrôlent; il y voyait de plus, grâce aux prières généreuses qui se font parmi nous, le salut possible de beaucoup d'autres âmes; ces âmes ce sont celles de nos parents, de nos amis, d'un grand nombre d'indifférents peut-être qui se trouveront presqu'à leur insu transportés au ciel, en grand nombre sans doute, et dans la mesure de notre ferveur et de notre zèle d'associés. Aussi s'efforçait-il cet excellent directeur de nous faire entrer dans ces pensées salutaires. Il s'attachait à redoubler notre ferveur, par les hautes et efficaces vérités des fins dernières : la brièveté de la vie qui s'écoule comme un torrent, la surprise à peu près fatale de la mort, ce jugement soudain et irréformable de Dieu, d'après lequel s'établit pour toujours, et sans appel notre sort heureux ou malheureux ; les intolérables et inutiles regrets du réprouvé qui, après s'être ri des menaces divines, après avoir tout sacrifié à des satisfactions fugitives, et négligé la seule chose nécessaire ici-bas, se sera perdu si volontairement. Ce bon père, il déplorait avec angoisse devant vous la folie de ces malheureux, qui malgré que l'heure redoutable de l'éternité s'approche avec une effroyable rapidité, restent indifférents, devant le grave problème de la vie d'outre tombe. Ils ne savent pas voir sous leurs pieds, les insensés! l'abime qui peut les engloutir d'un moment à l'autre ! Pour vous encourager dans cette sainte et incomparable entreprise de sauver les âmes, en obtenant pour elles la grâce d'une bonne mort, il vous rappelait la parole des saintes écritures, que sauver l'âme de son frère c'est sauver la sienne ; il vous rappelait aussi les nombreuses et belles indulgences dont est si riche notre confrérie. Enfin il surveillait avec une sollicitude extrême l'accomplissement si nécessaire du réglement; car le réglement c'est le moteur, et c'est la garantie de toute œuvre sérieuse. En nous entraînant ainsi dans cette voie salutaire, il a provoqué la vitalité de cette belle confraternité qui compte à cette heure, un si grand nombre de personnes honorables, aussi bien dans la paroisse qu'au dehors. A coup sûr préparé comme il l'était par tant d'œuvres méritoires, et en particulier par tous les soins et tout le zèle qu'il a mis à procurer, avec l'honneur de notre chère confrérie, le plus grand nombre possible de bonnes morts; assisté par ces mêmes âmes à qui il avait obtenu un pareil bienfait; assisté surtout par nos bénis protecteurs St-Joseph, St-Roch et St-Claude, en qui il mettait une si douce et si exemplaire confiance, il a reçu, n'en doutons pas, une magnifique récompense, pour une direction si longue, et si parfaitement dévouée.

M. Servant et les Confréries de la Ste-Vierge

Ce prédestiné, car assurément, c'en était un — tout ce que nous avons dit le prouve — se montrait tel encore par la singulière dévotion qu'il professait pour la Ste-Vierge.

Cette dévotion, disent les Sts-Docteurs, est une marque pour ainsi dire infaillible qu'on est en grâce avec Dieu, et qu'on y est confirmé. Cette marque, chez M. Servant, était éclatante. Que n'aurions nous pas à dire sur le simple et filial abandon de son cœur à la très douce Mère de Dieu et des hommes ! Que pouvons-nous de nous-même, pensait ce pieux serviteur de Marie, faibles comme nous le sommes, et devant le grand nombre de nos ennemis ? Comment atteindre au but glorieux, seul digne de nous, mais si haut placé ou Dieu nous appelle ? Le Maître n'a-t'il pas dit que sans lui l'homme ne peut rien pour son salut ? Mais, ô bonheur ! si l'on pouvait gagner le cœur de celle qui fut la mère de ce maître tout puissant, que ne faudrait-il pas espérer ? Ce Maître divin n'a-t'il pas juré à sa divine mère de ne lui rien refuser de ce qu'elle lui demanderait ? Or, gagner ce tendre cœur est-ce donc une chose si difficile ? Non, ce travail n'en est pas un. Il n'y a que joie et que douceur, pour celui qui l'entreprend, et surtout on est sûr d'y réussir. Ne voyez-vous pas dans ce cœur maternel, comme dans tout cœur de mère, une providentielle et irrésistible inclination à écouter l'appel d'un enfant malheureux ? Marie, mieux que toute autre mère, en raison de l'excellence de sa nature, s'émeut de chacun des besoins des nombreux enfants que lui confia Jésus. Elle se glorifie, elle a besoin de faire éternellement vivre, et rendre heureux les fils si chers de son divin Fils ; son amour, son attention à les écouter, la joie pour elle de s'entendre appeler par eux leur mère, dépasse tout ce que l'on pourrait en dire. Aussi que de cœurs malheureux à qui tout faisait défaut, soit l'amour d'une mère, soit l'accueil d'un autre cœur, soit tout autre bonheur ici-bas, ont tout retrouvé et au-delà, en faisant appel à la tendresse de cette divine reine de toutes les mères !

Quelle confiance n'inspirait pas cette douce Vierge au cœur si tendre et si bien né de M. Servant! Il s'efforçait de faire partager cette confiance en elle et son bonheur de l'aimer, à tous ceux sur qui il pouvait influer. Il voulait assurer à tous et à lui-même aussi le bénéfice de cette auguste protection, soit à l'heure présente, soit surtout à l'heure dernière. Il ne pouvait pas plus se lasser de l'invoquer qu'on ne se lasse de respirer ou de jouir; et c'était sous les vocables les plus divers qu'il se plaisait à traduire l'inépuisable besoin de sa dévotion, et à la vénérer dans les diverses confréries qu'il avait établies en son honneur. Cette incomparable Reine était pour lui : tantôt notre bienheureuse Dame de toute consolation; tantôt Notre-Dame Auxiliatrice, reine de la victoire; tantôt Notre-Dame du Saint-Rosaire, chef-d'œuvre de la grâce, femme bénie entre toutes, parée de toutes les vertus et de toutes les grandeurs, Mère enfin de Dieu lui-même!

En l'honorant au premier titre, il s'appliquait à ce que les cœurs affligés de ses paroissiens vinssent, dans leurs tristesses, trouver, aux pieds de cette compatissante Mère, tout espoir et toute consolation. La magnifique pietà qu'il fit dresser dans la nef droite de l'église, nous présente cette Mère affligée tenant, étendu sur ses genoux, le corps inanimé de son Fils. Et quel Fils!... et dans quel état!... Oh! vous tous qui passez là, voyez donc s'il est une douleur semblable à la mienne!... Or donc qui ne compatirait à ce cruel supplice, supplice enduré pour notre amour; et ne provoquerait ainsi l'amour et l'efficace compassion de cette sainte Mère?

Mais la grande douleur de cette Vierge sainte a été aussi, grâce à sa généreuse soumission, une magnifique victoire dans laquelle elle a concouru à notre rédemption. Reine de tous les héros, elle a brisé de son pied virginal la tête de notre ennemi, la tête du serpent homicide.

Cette vertu victorieuse, elle la communique à qui la lui demande, à qui l'honore; on l'attendrait en vain d'autre part. Marie est l'unique canal de toutes les grâces : grâces de générosité, grâces de persévérance. Pour vaincre le péché, arriver jusqu'à la vertu et, par là-même jusqu'au Ciel, il faut le secours de Notre-Dame auxiliatrice; avec ce secours, on est sûr de la victoire. C'est là, ce que le pieux Curé voulait persuader et faire comprendre aux combattants chrétiens de Saint-

Georges, quand il institua pour eux la confrérie de Notre-Dame de Bon-secours.

Quant au Saint-Rosaire et à la récitation du chapelet, dévotion si catholique, si glorieuse dans ses résultats, si hautement recommandée et pratiquée par les Souverains Pontifes, par les Évêques et par une foule d'illustres personnages, chère aussi au vrai peuple fidèle, l'on pense bien en quel honneur elle était à Saint-Georges, sous l'inspiration de ce saint Curé! Rappelons ici, mais sans chercher à les compter, les innombrables les *Ave*, qui, sortis de son cœur, échappés de ses lèvres pieuses, sont tombés, pendant cinquante-cinq ans, en pluie de bénédictions sur sa chère paroisse. Ce chapelet, qu'il a roulé tant de fois dans ses mains, il l'a usé chaque jour à notre intention. Que de fois ne fallut-il pas recourir à l'adresse et à l'obligeance du sacristain pour le lui remettre en état! L'illustre et pieux docteur Récamier qui, d'une visite de ses malades à l'autre, se hâtait de réciter quelques dizaines du Rosaire, bien convaincu que, s'il traitait de son mieux ses clients malheureux, encore fallait-il le secours d'en-Haut pour achever l'effet des remèdes, disait de son chapelet que c'était son cordon d'appel au Ciel. C'est bien là ce qu'aura été le chapelet de M. SERVANT, et c'est presque sans interruption que ce bon père faisait cet appel, et les instances les plus vives auprès de la très Sainte Vierge, en faveur de sa chère famille de Saint-Georges.

Après le culte que ce serviteur zélé et bien avisé rendait à Jésus et à Marie, rien ne lui était plus naturel que d'aimer, d'honorer et d'invoquer les saints. Ils sont les amis de Dieu, et, par là-même, tout-puissants. auprès de lui. Ils nous ont transmis la vie de l'amour et nous ont laissé leurs magnifiques exemples. Dieu nous les a donnés pour modèles et pour protecteurs. Quel secours précieux, quels précieux amis!... Leur société, leur intimité lui était chère. Il allait à eux d'instinct, et aussi dans un intérêt très légitime. Il les instituait, avec les bons anges, les gardiens de sa paroisse; il les faisait les confidents de ses multiples sollicitudes.

CONFRÉRIES DE SAINTE-CATHERINE, DE SAINTE-MARGUERITE ET DE SAINTE-JEANNE DE VALOIS.

A sainte Catherine, patronne d'une confrérie pour les jeunes personnes, il avait dévolu le soin délicat de garder la beauté de ces jeunes âmes et leur vertu naissante.

Il avait placé le foyer domestique, dont la mère est surtout le centre, sous la protection de sainte Marguerite. Au moment où ce foyer lui-même est envahi par un mal général, qui fausse les rapports entre parents et enfants, entre maris et femmes, il suppliait tendrement l'héroïque martyre d'éclairer, de fortifier, de consoler, pour le plus grand bien de leurs familles, les mères chrétiennes qui font partie de l'œuvre.

Homme de charité et de paternelle mansuétude, appelé d'en-Haut à rapprocher les cœurs pour n'en faire qu'un seul; désireux, à l'exemple du divin Maître, d'unir en une véritable famille tous ceux, pauvres ou riches, qui composaient sa paroisse, M. SERVANT avait réuni, en un faisceau charitable, un certain nombre de dames riches, ses paroissiennes. Elles avaient pour mission de pratiquer elles-mêmes la bienfaisance et de faciliter la sienne. En arrivant personnellement jusqu'aux malheureux, elles opéraient cette conciliation si nécessaire, si facile aussi, entre les diverses classes de la société, que divisent trop souvent l'indifférence et les malentendus. Il avait donné pour patronne à l'honorable association cette sainte Jeanne de Valois, qui, née de race royale, trouva, après d'injustes revers, sa meilleure consolation et sa plus belle couronne dans la pratique des œuvres de miséricorde. Des réunions privées, des prédications de choix inclinaient le cœur de ces dociles chrétiennes au soin de ces misères nombreuses, qui offrent de si mystérieux attraits quand on s'est pris à les aimer pour les secourir. Ainsi, d'une part, il trouvait le moyen de soulager un plus grand nombre de malheureux, les aidant par l'entremise de ces anges de charité, soit dans leur misère temporelle, soit, ce qui est mieux encore, dans leurs besoins moraux ; et, de l'autre il procurait à ces bonnes dames des joies supérieures et des mérites qu'elles n'auraient jamais connus, s'il ne les avait engagées dans cette excellente voie de la charité.

Estime de M. Servant pour le choeur de chant à Saint-Georges.

Ce fidèle ministre du divin Maître, au zèle duquel rien de ce qui peut contribuer au bien et à la gloire de Dieu n'était indifférent, ni la décoration du saint lieu, ni la pompe des cérémonies, ni l'exécution édifiante des chants sacrés, témoignait une faveur toute exceptionnelle aux personnes qui s'y dévouaient. Les demoiselles du chœur de chant, en particulier, lui apparaissaient comme des auxiliaires bien précieux, entretenant dans leur âme, et dans celles de leurs auditeurs, ces sentiments de piété qu'anime et soutient un chant bien exécuté. Saint Paul ne veut-il pas que la prière se traduise parfois par des hymnes et des cantiques? Une foule de saints, convaincus de la divine et providentielle influence de la musique, s'y sont appliqués, en vue du culte extérieur dû à Dieu, et l'ont fait florir autour d'eux. L'Eglise, à l'exemple de David, honore et fait connaître son incomparable époux par la beauté des chants qu'elle lui consacre. M. Servant, par goût, et à raison surtout de ces traditions saintes, bénissait de tout cœur les personnes qui, par le sacrifice de leur temps, et leur goût éclairé, lui aidaient à glorifier mieux l'Auteur de tous biens.

Il lui semblait avec raison que leur talent, et ce bel art de la musique, ne pouvaient s'employer et se développer mieux qu'à l'église : l'église est le vrai sanctuaire des plus hautes élévations de l'âme, c'est auprès de Dieu surtout que doit s'inspirer la pensée, là qu'elle trouvera le souverain idéal.

Œuvre du cercle catholique de Saint-Georges.

Entre ces diverses œuvres que nous venons de signaler, toutes plus particulièrement appropriées aux adultes des deux sexes, et les écoles qui ont pour but la formation de l'enfance, ainsi que nous le dirons bientôt, se place une œuvre bien importante aussi : celle qui a pour but la préservation des jeunes garçons de douze à vingt ans. Pasteur vigilant, M. Servant avait bien vite compris, étant données les circonstances du temps présent, qu'il ne faut, à aucun prix, abandonner à elle-même la jeunesse qui va passer de la simplicité de l'enfance à l'âge des luttes et des passions. C'est un passage des plus périlleux. A ce moment, en effet, la conscience, encore incomplètement formée ; la volonté, qui n'a pas reçu toute sa trempe, n'opposeront, si on ne leur vient en aide, qu'une barrière insuffisante aux séductions artificieuses du mal, si captivantes pour qui ne les connaît pas. Il pensait ce pasteur zélé, ce tendre père, avec tous ses vénérables confrères de la ville et du clergé, que laisser aller, sans défense et sans préparation, le jeune novice de la vie, au devant de pareils assauts, c'est le condamner à y périr. Que de parents qui ne sentent pas la responsabilité qui leur incombe de garantir, par la surveillance la plus attentive, à cette heure critique, ces âmes d'enfants dont Dieu leur demandera compte! Beaucoup aussi, que les circonstances séparent de leurs enfants, ne pourront ni prolonger pour eux les salutaires enseignements du catéchisme, ni surtout les appuyer de leurs propres exemples. Il en est même qui n'auront pas le courage de détourner ces enfants déjà rebelles, de telles sociétés, ou de tels lieux qu'ils ont le devoir strict de leur interdire. Et alors il peut arriver que, par le fait de toutes ces négligences coupables ou inconscientes, l'enfant perde, en un seul instant, tout le fruit d'une bonne première éducation.

Douloureusement préoccupé de pareilles éventualités, M. Servant avisa, le plus tôt qu'il put, à garder saine et sauve, dans un milieu honnête, et sous des influences aussi salutaires qu'agréables, cette chère portion du grand troupeau. Il établit donc, pour les jeunes gens de Saint-Georges, un cercle catholique. Il abandonna, non sans mérite pour lui, la direction de ce cercle de jeunes gens aux mains habiles et sûres de jeunes ecclésiastiques. Il pensait, avec sagesse, qu'il faut à cette jeunesse, d'éclosion un peu turbulente, des directeurs jeunes encore, dont l'âge s'approprie mieux à l'âge de leurs subordonnés. Partageant avec eux leurs jeux et leurs exercices, et même les y entraînant; partageant aussi leur jeunesse, pour ainsi dire, ils pourront mieux l'influencer et la conserver, en même temps que la porter vers Dieu à qui tout âge doit son amour et son service. Ce cercle destiné à préparer les éléments rénovateurs de la famille paroissiale, il ne s'en désintéressait certes pas; c'était encore son esprit qui l'animait en secret, et qui lui a fait produire, par l'intermédiaire de dévoués et intelligents collaborateurs, des fruits bien consolants de persévérance et de préservation.

Sentiments et zèle de M. Servant pour l'instru tion des enfants et pour les écoles.

Nous avons prononcé tout à l'heure le

mot d'école; laissez-nous vous dire que si rien n'échappait à la sollicitude d'un tel pasteur, nulle part, peut-être, elle n'était plus éveillée qu'à l'endroit de ces mêmes écoles, et des enfants qui les fréquentaient.

Peut-être, abusons-nous de votre patience à vous présenter ainsi tant de détails de cette rare activité; mais si nous éprouvons un si vif plaisir à nous y arrêter, c'est que M. Servant, fournissant avec tant d'abondance à notre admiration et à l'édification de nos âmes, nous avons bien de la peine à restreindre un récit qui sera toujours insuffisant.

Or donc, cet aimable et regretté père paraissait vraiment tel, et rappelait la suave condescendance du Sauveur, quand il se trouvait au milieu des enfants. Ces charmants petits êtres, véritables fleurs d'une société, et germes précieux de l'avenir, trouveront dans leur éducation, suivant ce qu'elle aura été, suivant le moule où on aura assujetti leur âme, soit leur bonheur, soit leur malheur assuré, avec toutes les conséquences funestes ou heureuses qui doivent en découler pour leurs familles et pour le pays.

L'esprit rempli de ces hautes pensées, quelle vigilance n'apportait pas M. SERVANT à préserver, par une solide éducation chrétienne, ces chers rejetons de toute alternative malheureuse ! Sans doute il éprouvait un naturel attrait à se rapprocher d'eux ; des analogies d'innocence et de candeur l'y portaient instinctivement ; c'était là qu'il trouvait le meilleur repos de ses nombreux soucis ; près de ces aimables enfants, on voyait encore mieux paraître en lui, cette parfaite ressemblance que l'Evangile indique, commela condition nécessaire, pour entrer au ciel ; mais ce qui, par dessus tout, l'amenait au milieu d'eux, c'est ainsi que nous venons de le dire, la haute idée qu'il se faisait de l'obligation pour un curé, de sauvegarder l'avenir de sa paroisse, en préservant et en formant l'âme des enfants. Plus il éprouvait de délices à respirer le parfum de leur innocence et à s'y rafraîchir, plus aussi il s'excitait à la leur garder le plus longtemps possible ; toujours même, s'il le pouvait ; il en avait l'ambition, jugeant, par son propre exemple, que ce n'était point une possibilité chimérique. Quels soins, quelles attentions maternelles ne prodiguait-il pas à ses chers petits paroissiens ! Il les voyait menacés, dans leur âme surtout, par les pires vautours. Sa sollicitude veillait à les garantir, non seulement d'une éducation dangereuse, mais, ce qui est à peu près la même chose, d'une éducation insuffisante. Le plus doux des pères, il en était aussi le plus intrépide à défendre ce délicat troupeau. C'est à raison de cette sollicitude profonde qu'il n'hésita pas, à une certaine époque, malgré les charges et les soucis que nous avons énumérés ici, à entreprendre pour ces chers enfants de coûteuses constructions. Elles devaient, en conciliant tous les intérêts et les justes exigences de ces existences délicates, abriter sous de chrétiennes influences ces jeunes plantes si chères à son cœur. Il avait trouvé les classes des filles dans un local étroit et mal éclairé. Les Sœurs, leurs dignes maîtresses, faute d'une résidence sur la paroisse, étaient obligées de venir, par tous les temps, de la Maison-Mère à Saint-Georges, et de s'en retourner de même. Dans le désir de faire cesser cet état de choses, Monsieur le Curé fit construire, à ses frais, une maison spacieuse très bien aménagée. L'asile et les classes y sont installés, on ne peut mieux et les Sœurs convenablement logées. Par surcroît de bien-être, la maison a une cour et une salle d'ombrage. A son lit de mort, toujours préoccupé de l'éducation de la jeunesse, toujours dépouillé de lui-même, il fit don aux sœurs de cet établissement si généreusement élevé par lui. Je dois bien avouer qu'on ne trouvera pas dans cet édifice le luxe, l'éclat déplacé qui paraît dans certaines constructions similaires, et que d'autres que lui, d'après d'autres principes aussi, ont établi non loin de là. Mais si les constructions superbes d'à côté semblent défier dédaigneusement toute concurrence, remarquons qu'elles ont coûté beaucoup à tout autre qu'à leurs fondateurs. M. Servant, tout au contraire, a mis son propre bien dans sa sainte fondation. Il n'a pesé sur la volonté de personne pour *obliger*, coûte que coûte, à y contribuer. Surtout il a mis là ce que rien ne remplace, et ce qui défie à son tour toute concurrence dorée : l'esprit chrétien. Tant que les groupes scolaires modernes, comme on les appelle, pompeusement *bâtis*, pompeusement inaugurés, n'établiront pas dans leurs vastes salles, dans leurs préaux magnifiques, dans leur programme surtout, cet esprit-là, croyez bien, chers parents, que vous n'y trouverez que le vide, qu'un piège à votre amour, et enfin tout le contraire de ce que vous devez espérer d'une bonne éducation.

Pour revenir aux aimables pupilles du bon curé, il leur donnait l'entrain au travail et à la vertu par ses visites trimestrielles très réguliéres. Mais en dehors de ces visites officielles, il savait assez trouver quelques instants rapides où, cédant à l'entrainement du cœur, il se retrouvait avec joie au milieu de l'innocent troupeau. Des récompenses proportionnées aux mérites de chacun contribuaient aussi à l'émulation qu'il voulait inspirer. Quelquefois ces récompenses consistaient en fournitures matérielles qui venaient aider la pauvre famille de l'enfant; et d'une pierre, comme on dit vulgairement, sa charité pastorale faisait deux coups. Ah ! c'est qu'il les aimait tendrement ces pauvres et héroïques familles chrétiennes qui préféreraient le dénûment le plus absolu, plutôt que de priver leurs chers enfants du bienfait de cette éducation chrétienne, sans laquelle on ne peut ni faire figure d'honnête homme en ce monde, ni se sauver dans l'autre.

Mais où se révélait, peut-être plus, cette

sainte sollicitude ; et où elle semblait capable de grandir encore, c'était à l'époque des premières communions. Il ne se déchargeait sur personne, ce bon curé, du soin à donner à la préparation des jeunes élus. Il voulait les rendre, le plus possible, dignes de l'appel d'un Dieu, dignes de s'asseoir au banquet glorieux de la véritable vie. Un Dieu fait homme, un Dieu fait chair et Eucharistie, allait donc pour la première fois s'incorporer à l'enfant et le consacrer ! Oh alors, se rappelant l'indicible bonheur et toutes les conséquences de sa première communion, il éprouvait, dans son cœur tout entier, l'irrésistible besoin de voir ces chers premiers communiants aussi purs, et aussi heureux qu'il l'avait été lui-même. Partageant avec ses bons collaborateurs tous les soucis qui précédaient cette magnifique et céleste fête de famille, il surabondait de joie, à la pensée des bienfaits du Seigneur, et à la pensée que, grâce à une sérieuse préparation, ce premier et ineffable témoignage de sa tendresse allait devenir, pour chacun de ces enfants, le principe du salut éternel.

Le zèle de M. Servant pour l'éducation

de cette tendre jeunesse avait encore un côté bien sage et, qui mérite d'être signalé.

Affectueux sentiments de M. Servant pour les maitres et maitresses d'école.

Comme cette œuvre capitale de la formation de l'âme de l'enfant dépend surtout du zèle du maître, de sa santé aussi, et même de son contentement intérieur, il se plaisait ce doux pasteur,par devoir et par bonté d'âme aussi,à se rapprocher souvent, pour les encourager, des instituteurs de la paroisse. Il s'efforçait de leur montrer tout le cas qu'il faisait d'un dévouement aussi nécessaire que le leur,et peut être insuffisamment apprécié. Il avait à cœur, pour ainsi dire, par l'intérêt très sincère qu'il leur témoignait, de prendre comme sa part de leur grand et méritoire labeur. Il voulait les soulager par ses précieux encouragements. En même temps qu'il s'occupait de leurs besoins spirituels, il prenait encore souci de leurs besoins matériels. Réconfortés ainsi, par des paroles aussi aimables que savait les dire ce tendre père, ces pieux ouvriers de l'enseignement chrétien devaient pressentir, sans doute, dans ces affectueux témoignages, la récompense qui les attend au ciel. Aussi grâce à de tels encouragements, grâce à l'entraînement produit par l'exemple des beaux dévouements de ce pasteur vertueux, maîtres et maîtresses se sentaient plus forts, persévéraient avec joie dans leur noble et rude entreprise, et maintenaient les écoles de St-Georges au niveau des écoles les plus réputées.

Valeur sociale du ministère de M. Servant.

Oh, Messieurs, quelle vie admirable ! et comme on sent bien là le souffle de l'esprit divin ! Quel ministère que celui du prêtre, rempli comme le fut le ministère de M. Servant ! Est-il rien de plus social, rien de plus indispensable au bonheur d'un pays. D'où vient cependant que de véritables blasphêmes se sont élevés contre ce ministère, alors qu'il s'oppose aux vices et qu'il endigue les passions. On le traite en ennemi ce ministère de paix et d'ordre ; on ne le tolérera, dit-on, qu'au jour où il cessera d'être ce que vous venez de le voir. Ces vrais patriotes, ces hommes de Dieu uniquement occupés d'une seule chose : le bonheur de leurs concitoyens, on ne veut voir en eux que des intrus et des importuns. Or, Messieurs, si pareille doctrine s'établissait jamais parmi nous ; et si nous, peuple de bon sens, de loyauté, et de générosité, nous en étions venus une fois à d'aussi injustes sentiments, c'est que la vraie France aurait vécu. Le jour où cette doctrine mensongère ferait loi, les bienfaiteurs à rebours de notre pays l'auraient ramené, c'est trop sûr, à la barbarie et au néant. Non, ce n'est pas la science, comme science seulement, ni même un bien-être grossier qui font le bonheur d'un peuple ; mais sa moralité. Il ne sera heureux que dans la mesure de sa vertu. Dût tout le reste lui faire défaut, s'il reste vertueux, s'il conserve cette source cachée de l'ordre, de l'honneur et du courage, il restera, au milieu de peuples plus savants ou plus riches peut-être, le premier, le plus heureux de tous, et capable de les dominer bientôt. Or, tout cela c'est le but, c'est l'œuvre, c'est le résultat de l'action sacerdotale, qui n'est après tout que l'action même de Dieu parmi nous.

Au reste, la foule, dont le fonds naturel est honnête, je dis même chrétien, ne s'y trompe pas. Si, quelque temps, entraînée par des meneurs à gages, elle tourne le dos à ses véritables amis, tôt ou tard elle reconnaît une erreur qu'il faut payer trop cher ; d'instinct elle revient à ceux qui l'aiment sans l'exploiter. Elle sent qu'en se rapprochant de Dieu, par l'intermédiaire de ses ministres, elle s'élève bien haut, et qu'elle trouve là la vraie sécurité. Elle entrevoit même ce que Dieu a voulu lui faire connaître, que dans cette union et dans ce contact sacré avec le prêtre, vivante image de Dieu, elle participe à son royal sacerdoce ; qu'elle s'aggrège ainsi à ce corps mystique et divin que J.-C. forme en lui-même de tous ses ministres avec le peuple fidèle, et qui doit éternellement triompher au ciel.

Quant à M. Servant, homme de charité, dévoré du désir de se dévouer au prochain, si, pour satisfaire cette noble passion, il a dû renoncer à une gloire passagère, à ces lauriers mondains qui nous font admirer, avec plus ou moins de profit pour les autres, s'il a fait bon marché de la fortune, de ce bien-être qu'on achète souvent par toute une vie de préoccupations personnelles, quelquefois aussi par d'injustes habiletés ; oh, qu'il a mieux réussi en se préparant par son infatigable dévouement à ses semblables et à Dieu, ces mérites sacrés qui seront les seuls utiles, quand il faudra affronter les jugements éternels. Etudions donc maintenant, et plus intimément, si vous le voulez bien, c'est-à-dire à leur source même, dans leur cause première, ces divers mérites, et les belles vertus de ce saint prêtre : Nous avons trop d'intérêt à en connaître vraiment le principe caché !

Vertus de M. Servant, sa bonté, sa piété

Ce qui, de prime abord, frappait chez M. Servant, c'était sa bonté et sa piété. Par la bonté l'homme s'empare du cœur de ses semblables. Heureux les pacifiques, heureux les doux, a dit le Maître : ils posséderont la terre. La bonté rend pour ainsi dire semblable à Dieu. C'est cette vertu qui donne, peut-être le mieux, l'idée de Celui qui est tout entier charité et amour. C'est ainsi que St-François de Sales, par son exquise affabilité, et son indicible douceur révélait Dieu à St-Vincent-de-Paul. Lui aussi, ce si bon curé, nous faisait connaître Dieu par sa rare bonté. La piété, elle, va plus directement à Dieu ; elle L'a pour objet essentiel. Aussi, pendant que la bonté d'un cœur lui gagne le monde, sa piété lui gagne Dieu. Du reste il est assez difficile d'imaginer que l'une de ces vertus puisse aller sans l'autre ; et c'est leur admirable alliance chez M. Servant, c'est la double conquête qu'il fit du cœur de Dieu et du cœur de tous qui a élevé si haut l'estime qu'il inspirait, et le renom de sa vertu.

La bonté qui chez M. Servant était une grâce de naissance parut ensuite avec des caractères supérieurs qui n'appartiennent plus à la bonté naturelle. Cette disposition native, s'était surnaturalisée chez lui, affinée, pour ainsi dire, par le fait de l'éducation chrétienne d'abord, puis sous l'influence d'une foi éclairée toujours grandissante, et enfin au contact, dans les saints mystères, de ce cœur sacerdotal avec le cœur de Dieu. La bonté de M. Servant, comme greffée sur cette bonté divine, qui est sans mesure, participait en quelque sorte de cette mesure infinie. Une douceur toujours égale qui se trouve volontiers impeccable pendant plus de quatre-vingts ans, n'est-ce pas quelque chose qui est de Dieu même ? Qu'elle trouve vite, au contraire, sa pierre d'achoppement et son terme, la bonté sans la grâce ! Avec la grâce, par exemple, l'homme, même né irascible, se transforme peu à peu, comme ce doux Evêque de Genêve que nous avons déjà nommé, et qui mérita le titre de saint, et le droit d'être proposé en modèle, à cause même de sa douceur.

La bonté du curé de St-Georges enrichie de la bonté de Dieu qui se communiquait à elle, se subdivisait, pour ainsi dire, en une foule de qualités charmantes. Il ne l'a certainement jamais remarqué ce bien-aimé père ; mais quel spectacle et quel rafraichissement c'était pour les heureux témoins de cette multiple vertu !

Sa douceur était souriante et angélique, pleine de modestie et de délicatesse. Sa droiture fut toujours au-dessus de tout soupçon d'arrière pensée, ou d'habileté. Son visage était comme transparent ; on y découvrait de suite le fond de cette âme honnête ; de même qu'à travers un limpide ruisseau, on voit le fond tranquille sur lequel il s'écoule. Sans personnalité exclusive, sans aucun esprit de domination, il reproduisait admirablement ce portrait du pacifique tracé par l'esprit saint : Voici mon serviteur, il n'engagera aucune dispute, il ne fera pas bruire sa voix dans les carrefours, pour y dominer les autres. La paix par conséquent remplissait l'âme toute entière du bon curé ; et alors l'on peut dire, d'une certaine façon, qu'il la distillait, comme un baume, tout autour de lui. Son apparition, sa présence quelque part épanouissait tous les cœurs. Heureux ceux qui ont vécu autour de ce doux prêtre ! Ah ils ne me démentiront point ces excellents vicaires qui se sont trouvés à si bonne école, et en ont si bien profité ! ils ne me démentiront pas non plus ces fidèles et anciens serviteurs qui ne peuvent se consoler encore d'avoir perdu le meilleur des maîtres. La paroisse toute entière s'est édifiée, pendant des années nombreuses de cette inaltérable bonté. Cette bonté ajoutait même un charme de plus à la dignité naturelle de M. SERVANT. Sa tenue, sa distinction remarquable, qui rehaussait une taille au-dessous de la moyenne, et cela bien mieux que toutes les allures de convention, devenait par la grâce même de son visage, cette majesté vraie qui inspire un facile respect.

Patience et résignation de M. Servant.

Remarquons bien vite aussi que, si M. Servant accomplissait à la lettre la recommandation divine d'être doux et humble de cœur, ce n'a pas été sans de rudes immolations, ni sans des contradictions douloureuses, généreusement supportées. Dans ce cas, la bonté se présente à nous sous un jour nouveau et prend le nom particulier de patience. Que de fois, cet élu de Dieu a dû se soumettre, comme tous les saints, à la glorieuse loi de la souffrance! C'est par là surtout que se forme la sainteté. Epreuve et victoire ont embelli cette sainte existence. Il a connu plus d'une fois les amertumes de l'ingratitude le bon M. Servant. Ceux qu'il soulageait avec tant de peines et de mérite, ne lui ont pas toujours su gré de son dévouement pour eux. Que dis-je ? il en est qui sont allés jusqu'à porter la main sur lui et à le frapper, se montrant d'autant plus exigeant pour ce bon père qu'il était plus condescendant à leur égard.

Toutefois, il ne s'en est jamais plaint, et il a toujours su les excuser. Mais, ce qui était plus sensible encore pour ce cœur si tendre, ç'a été de trouver l'injustice et l'ingratitude à un niveau supérieur, et de la part de certaines personnes que leur éducation, et leurs rapports intimes avec lui, rendaient inexcusables. De grosses larmes montaient alors du cœur de M. SERVANT à ses yeux, et c'était toute sa vengeance. Un mot de colère ou de dépit n'aurait jamais pu naître sur ses bienveillantes lèvres; avant de parler il avait pardonné, et s'il parlait, c'était toujours pour excuser le coupable. Il lui arriva une fois d'avoir confié à des mains amies, mais inhabiles, une somme qui devait suivre les autres et avoir l'emploi que nous avons vu ici. Cette somme fut perdue net. Cette perte le mit dans la gêne cruelle que nous avons racontée. Ce fut pour les pauvres et pour ses œuvres un déficit de 100,000 fr. ! Que pense-t-on qu'il fit? — Des plaintes, des procès? — Pas le moins du monde. Voyant le mal irréparable, et son malheureux dépositaire dans une douloureuse situation, il offrit généreusement son sacrifice à Dieu; il redoubla d'ardeur pour éviter aux malheureux le contre-coup de cette perte; il n'en parla jamais plus, et ainsi sa vertu et ses mérites s'en accrurent d'autant.

Éprouvé aussi par les vicissitudes de la vie ; obligé, par sa longue existence, de voir disparaître autour de lui une foule de parents et d'amis ; frappé par les coups plus sensibles de bien des morts prématurées ; M. Servant, qui connut aussi, dans les derniers temps de sa vie, les délaissements et les angoisses du Calvaire, sut toujours, néanmoins, s'incliner sous la main de Dieu, et pratiquer cette autre vertu qui dérive de la bonté et de la force chrétienne : la résignation.

La Foi dans M. Servant.

Si maintenant nous remontons de cette admirable bonté à son principe supérieur, nous trouvons ce principe de vie que nous avons déjà nommé : la Foi. Cette foi puisée dans la vertu sacramentelle du baptême, développée par l'enseignement attentif d'une mère souverainement chrétienne ; cette foi qui, suivant la parole divine, est capable de transporter les montagnes, elle l'a portée jusqu'à l'héroïsme, et a produit dans cette vie si pleine les diverses merveilles qui font l'objet de ce récit. C'est par elle qu'il a su, jeune encore, repousser vaillamment les séductions du monde ; par elle, qu'ayant assumé sur lui la rude tâche d'élever cette basilique, il a pu, tout seul, mener jusqu'à bout une si difficile entreprise. La foi lui a donné la force et la facilité de se dépouiller de sa fortune et de lui-même, pour dévouer tout cela au soulagement des malheureux, et au salut de ses paroissiens. Quel levier que la foi ! et comme il en prenait un soin extrême pour ne pas défaillir, et pour marcher sans cesse à de nouveaux succès ! Cette précieuse flamme, cette source de vertus grandissantes, s'alimentait dans ses fidèles et longues méditations de chaque jour. Il augmentait là, d'une manière indéfinie, ce trésor de la vie véritable. Il nous souvient qu'étant un jour parti avec lui, pour rendre visite à son frère, — il y a de cela bien des années, — il nous pria, au sortir de la ville, de vouloir bien lui permettre de faire son oraison. Soit qu'on eut quitté Lyon de très grand matin, soit plutôt qu'il se fut, même à cette heure matinale, rendu à l'église pour y entendre déjà quelques confessions, il avait dû remettre à plus tard la méditation qui ouvrait toujours sa journée. Suivant son désir, nous respectâmes son silence, et quand nous fûmes arrivés chez son frère, nous avions la mesure de ses méditations ordinaires : celle-ci avait duré une heure. Chez son bien-aimé frère lui-même, auprès duquel il passait une journée par semaine dans la belle saison, — et cela, parce qu'un Vicaire Général de leurs amis lui en avait fait comme un devoir d'obéissance, — il employait une forte partie de ce temps de repos à ses exercices pieux, et à des stations prolongées auprès du Saint-Sacrement, que sa famille avait le bonheur de posséder dans la chapelle. Disons, à propos de cette visite aux siens, qu'elle était l'unique délassement de son rude ministère; et que, lorsque par des habiletés et des artifices affectueux, on le contraignait à passer la soirée et la nuit au château de Dommartin, (1) on le contrariait, pour ainsi dire, et il avait hâte le lendemain de retrouver sa paroisse, hâte de célébrer dans son église la sainte messe de ce jour.

Ferveur et dévotion de M. Servant.

La foi, en ramenant sans cesse ce fidèle prêtre à la contemplation de l'éternelle beauté et des bontés infinies d'un Dieu fait homme, devenait encore pour lui le principe de

(1) Nom de l'endroit où était située la propriété de M. Servant aîné.

l'amour le plus tendre. Il ne pouvait suffire à aimer assez le bon Maître ; il aurait voulu comme entraîner tous les hommes, tous ceux surtout qui lui étaient plus chers, à couvrir de leurs bénédictions la divine personne d'un Dieu fait homme et hostie. On voyait s'enflammer, briller son regard, son cœur paraissait là tout entier, quand, au début de l'office, il prononçait les belles paroles de l'invitatoire : venez et adorons le Dieu qui a tout fait, louons-le dans les cantiques de l'allégresse, louez-le cieux et terre, louez-le sans mesure, car sa bonté est encore au-dessus de toute mesure ; louons-le dans ce jour, louons-le demain, louons dans les siècles des siècles Celui qui est éternel.

Quel adorateur infatigable n'était pas M. Servant !... Comme son adoration auprès du saint tabernacle, par tous les temps de l'année, quels qu'ils fussent, prolongée et ardente, cherchait à suppléer les indifférents ou les ingrats, dont l'ingratitude blesse le cœur de Dieu et se retourne contre eux-mêmes ! Étions-nous bien représentés devant l'auguste Majesté par ce séraphin, qui ne se lassait ni de l'amour ni de la prière ! Il remplissait tellement ce beau vaisseau de l'église par le rayonnement de sa piété, qu'il semblait qu'après sa mort, a dit une vertueuse personne, l'église fut tout d'un coup devenue vide.

Cette même foi était le principe de sa généreuse compassion pour les malheureux. C'est elle qui l'a portée aux saints excès, que nous avons dit, de son dévouement pour les pauvres. Bénissons donc cette foi sacrée qui peut allumer dans une âme tant d'ardeur pour le bien, et la rend si nécessaire à tous ceux qui l'approchent.

De là encore, découlaient deux autres vertus dont nous dirons un mot rapide.

Ces deux vertus trop négligées peut-être, et qui, comme toute vertu, donnent à l'âme une bonté et un éclat particuliers, ce sont la vertu d'espérance, et celle du souvenir. L'espérance montrait sans cesse aux regards attentifs, et à l'âme ardente de ce saint prêtre, la véritable patrie du ciel. A voir la parfaite et habituelle sérénité de son front, on eût dit que M. SERVANT était déjà en possession de cette heureuse patrie et qu'il y habitait par avance. Avec l'espérance chrétienne, il se consolait courageusement de la perte des êtres bien-aimés ; n'avait-il pas la certitude divine de retrouver là, pour ne les perdre jamais, ceux qui lui avaient été chers en ce monde. Il suivait par la pensée, dans cette région d'outre tombe, chacun des bons paroissiens qu'il avait aidé à arriver jusqu'à cet heureux séjour. Il avait aussi le culte fidèle de leur mémoire, priant et faisant prier sans cesse pour eux, pour tous les défunts aussi, entretenant par là, dans le cœur des survivants, ce culte du souvenir qui est une des dignités de l'âme chrétienne. A ce sujet, il fut touchant, plus qu'on ne pourrait le dire, de l'entendre réclamer, pendant près de cinquante ans, et à chaque messe paroissiale, un souvenir et des prières pour M. Chartre, son vénéré prédécesseur, qu'un si grand nombre des paroissiens actuels n'avaient pas connu.

Austérité et parfaite innocence de M. Servant.

Permettez-nous, chers confrères, d'ajouter ici un dernier trait rapide, nécessaire à cette ébauche de la vie d'un saint.

Pour être l'ami parfait de Dieu, il faut gravir un sommet plus élevé où tous les chrétiens n'ont pas le devoir de prétendre;

mais où le prêtre, nouveau Moïse, et disciple préféré du divin Maitre, doit s'élever par de généreux engagements. C'est là seulement qu'il trouvera, avec les communications plus particulières de Dieu, les ressources et la dignité spéciale dont son ministère a besoin. De ces hauteurs saintes où brille à son âme, ravie une lumière supérieure, il redescendra dans le monde, comme semblable à Dieu, et plus digne de le représenter ici-bas. Dieu, en effet, est un esprit pur et saint; il faut donc que son ministre reproduise, le mieux qu'il pourra, cette pureté, et cette immatérialité sainte. C'est en raison du renoncement généreux à certains biens terrestres, qui alourdissent trop souvent et retiennent l'âme en bas, que Dieu se révèlera plus ouvertement à son prêtre.

Dans ce ministre, resté pur et dégagé des biens naturels, Dieu verra avec bonheur comme un véritable frère en pureté. Il aimera celui qui, pour lui ressembler davantage et le posséder mieux, aura renoncé à toute attache périssable. Un jour il introduira ce fidèle serviteur dans l'intimité plus parfaite où l'agneau sans tâche, au milieu des lys les plus délicats, entouré de cette cour choisie des purs et des immaculés, avec Marie pour leur reine, révèle les plus particulières merveilles de son cœur adorable. Ici bas déjà, Dieu donne à son virginal ami, une incomparable auréole, une puissance et des prérogatives sans pareilles. C'est grâce à elles, que le prêtre introduit à leur tour, dans la vie supérieure, dans la région des plus nobles sentiments, les âmes qui se confient à lui. Pour ne pas perdre une gloire si grande, pour ne pas déprécier une vocation qui fait de lui un ange sur la terre, le prêtre à qui tout rappelle sa noble mission : et les respects qu'on lui témoigne, et les vêtements qu'il porte et le mépris même qui le frapperait, s'il venait à défaillir, garde sa pensée au niveau que nous avons dit ; il y reçoit sans cesse un secours divin qui ne lui fera jamais défaut, s'il est fidèle à le réclamer; puis il entoure de vigilance et d'austérité cette vertu et cette intégrité sublime qui doit cependant traverser les fanges de la terre. Pour ne pas se laisser arracher par le démon jaloux la plus belle des couronnes, et pour sauvegarder sa fidélité aux engagements sacrés qu'il a pris, il ira jusqu'à la dernière des résistances, jusqu'au sacrifice même de la vie, s'il le faut. C'est ainsi qu'on a vu souvent résister avec héroïsme aux assauts terribles de l'enfer, ceux que de saints engagements, avaient voués au service de Dieu ou qui voulaient y prétendre : un St-François d'Assises, un Thomas d'Aquin, un François de Sales et beaucoup d'autres encore. C'est par cette pureté glorieuse, et par cette miraculeuse fidélité à la conserver que les prêtres de l'Eglise catholiques font à cette Eglise une magnifique auréole et témoignent de sa divinité. Si donc l'austérité et la vigilance sont la vraie sauvegarde d'une vertu qui fait le plus particulier principe de l'influence sacerdotale, disons en deux mots, aussi simples que vrais, que M. Servant a porté jusqu'à l'héroïsme cette vigilance et cette austérité ; et comme il nous est bien doux de couvrir des lys les plus odorants une tombe si chère, rappelons pour terminer, la parole autorisée que nous avons citée au début de cette notice : à savoir que tel ce saint prêtre était sorti, enfant, des eaux purifiantes du baptême, tel il avait vécu, tel il était mort, sans qu'aucune faute grave, pendant une vie de 85 ans, à peu près, ait jamais terni la blancheur de son innocence baptismale !

Quatrième Partie

Derniers jours et mort de M. SERVANT.

Voilà, chers Confrères, et dans la mesure de nos forces, l'esquisse bien imparfaite de cette belle vie. Vous saurez suppléer tout ce qui peut y manquer. Vous avez trop présents à l'esprit tant d'exemples édifiants ; votre mémoire les gardera toujours ; et complètera ce petit travail qui doit favoriser, à son tour, les souvenirs de chacun de nous.

Nous touchons maintenant au terme de cette pieuse étude, en arrivant, comme malgré nous, au récit des derniers instants de notre cher Curé. Oh ! bien-aimés confrères de la Bonne-Mort, combien n'aurons- nous pas l'occasion de nous édifier ici, du spectacle de cette mort qui couronna si glorieusement une aussi sainte vie! Qu'elle devienne le modèle de la nôtre ! Elle nous montre, une fois de plus, que lorsqu'on a vécu saintement, on meurt de même, en s'endormant dans la paix du Seigneur. Des morts aussi douces, on les mérite par la fidélité de la vie toute entière ; c'est par cette fidélité seule qu'on trouve là, même à ce moment terrible, un avant-goût du ciel, et le présage des joies sans fin.

Vers la fin de septembre dernier, M. SERVANT fit sa cinquante-cinquième retraite avec sa ferveur habituelle, et peut-être même avec plus de ferveur ; car il avait comme un pressentiment de sa fin prochaine. Aussi, dit-il, en rentrant chez lui, qu'il avait fait sa retraite dans la conviction que c'était la dernière. Il ne se trompait pas ; mais c'était les armes à la main, et sans qu'il fût surpris à l'improviste, que la mort allait le frapper. A Fourvière, pour la dernière fois et douze jours avant sa mort, il avait fait, malgré ses quatre-vingt-quatre ans, la consécration solennelle à la Reine du clergé, à cette mère de miséricorde si chère à son cœur, qui allait l'aider à bien mourir et l'introduire au ciel.

Maladie de M. Servant

Le mercredi suivant, 27 septembre 1886, invité par son neveu bien-aimé, l'honorable M. Joseph Servant, à passer une journée à la campagne, il s'y rendit volontiers pour être agréable à ce cher et respectueux neveu. Dans le trajet, il commença à être indisposé. Cette indisposition s'étant aggravée pendant la nuit, il revint brusquement à Saint-Georges, comme s'il eût voulu, pour le dernier combat qui allait se livrer, se trouver sur son champ de bataille habituel. Son retour subit inspira à son entourage de vives alarmes. Le lendemain cependant, jour dédié au Sacré-Cœur, il descendit à l'église quoique un peu plus tard que de coutume. D'ordinaire il était le premier arrivé; et c'était de bonne heure. Il confessa encore les personnes qui l'attendaient; et après avoir dit la sainte Messe à la chapelle du Sacré-Cœur, il accomplit à l'église tous ses exercices habituels. Peu soucieux de sa santé, comme nous l'avons vu, il dut cependant, le soir, faire venir le docteur Molière qui lui prodigua, avec empressement, les soins les plus éclairés. Le dimanche 30 octobre, l'intrépide Curé voulut, malgré la gravité de son état, dire la messe de huit heures. Ce fut, hélas! sa dernière! Le lendemain, se voyant dans l'impossibilité de remplir les fonctions du saint ministère, il comprit que l'heure solennelle de rendre ses comptes à Dieu était enfin venue pour lui.

Derniers moments et mort de M. Servant.

Il fit donc appeler M. Richoud, Vicaire Général. pour l'engager à pourvoir à son remplacement. On voulut et l'on put, non sans peine, passer la nuit auprès de lui, bien qu'il refusât ce service. Puis, comme il devenait évident que son état empirait de plus en plus, on lui demanda s'il désirait voir son confesseur. Sur sa réponse affirmative on appela les RR. PP. Monnot et Biallez qui, en cas d'absence, étaient l'un ou l'autre, confidents de sa belle âme. En les voyant, le saint Curé leur dit qu'il remettait son âme entre leurs mains, pour la préparer à paraître devant Dieu. Un des bons Pères entendit sa confession, et l'on décida avec lui-même qu'il serait administré vers les deux heures du soir. A l'heure indiquée, le R. P. Monnot, accompagné de MM. les vicaires, de M. l'abbé Cessier et de M. Joseph Servant, donna le Saint-Viatique et l'Extrême-Onction au malade. Pendant l'administration des Sacrements, le vertueux mourant laissait échapper son âme en paroles pieuses : « Voilà la joie, « répétait-il, « *Venite, adoremus, Alleluia !* » On eût dit que déjà il entrevoyait quelque chose de ces ineffables joies du Ciel. Le R. P. Monnot lui appliqua l'indulgence plénière; puis, l'un de MM. les vicaires, s'étant rendu à la chapelle de la Bonne-Mort, lut, conformément à notre règlement, l'évangile de la passion, et donna la bénédiction du saint ciboire. En ce moment, tout était prêt pour l'échange qui allait se faire entre le Ciel et la terre. Le bon Maître faisait sans doute entendre à son serviteur la parole bénie : « Bon et fidèle serviteur, entrez dans la joie même de votre Seigneur. » Aussi, la mort, toujours si redoutable ailleurs, perdait là son aspect de désolation ; et M. SERVANT, tombé dans une agonie très paisible, rendit sa belle âme à Dieu, le mercredi 6 octobre 1886, à cinq heures trois quarts du matin. La paroisse avait perdu son pasteur bien-aimé, les pauvres leur providence terrestre, notre confrérie, son dévoué Directeur.

Funérailles de M. Servant.

Le corps de M. le Curé, aussitôt revêtu de ses vêtements sacerdotaux et des insignes de chanoine, et de « Chevalier de la Légion d'honneur, » respecté déjà par tout son entourage comme une relique sainte, fut exposé à la vénération des fidèles. Les paroissiens vinrent à flots pressés contempler une dernière fois les traits chéris de ce pasteur dévoué. Chacun, suivant la coutume, offrait à Dieu une prière sincère, pour l'âme du défunt; mais on lui recommandait aussi ses intentions personnelles, dans la conviction où l'on était que cette âme d'élite s'était envolée directement au Ciel.

Tous ceux qui avaient connu M. le Curé et admiré, au cours de cette longue vie de dévouement, les sacrifices qu'il s'était imposés pour la construction de son église, pensaient que sa sépulture dans l'un des caveaux du monument n'était que justice. L'autorité civile n'en jugea pas ainsi, et ce fut avec douleur que la paroisse se vit privée de ces précieux restes.

Pour remédier, autant que possible, à une telle privation, il fut décidé que l'on conserverait le cœur de M. SERVANT. Ce cœur, pieusement recueilli, attendra peu de temps, sans doute, que la générosité et la reconnaissance aient pu édifier un monument digne de le recevoir.

Le vendredi 10 octobre à dix heures du matin, eurent lieu les funérailles du vénéré Curé. Son vieil ami, M. Pagnon, ne put les présider ; il était mourant, et allait bientôt rejoindre au Ciel celui qu'il avait aimé sur la terre. M. le Vicaire Général Richoud, assisté de son confrère M. Lajont et de tout le Chapitre de la primatiale, fit la levée du corps. Quatre-vingts prêtres environ, en habit de chœur, et deux cents ecclésiastiques, venus de toutes les paroisses de la ville et autres localités du diocèse, précédaient ou suivaient le cercueil. Toutes les confréries de la paroisse, toutes les écoles assistaient à la funèbre cérémonie. Une foule compacte de paroissiens attristés et d'autres personnes, attirées par le renom de sainteté de M. SERVANT, s'échelonnaient sur le parcours des rues et des quais suivis par le cortège. Nombre de notabilités catholiques et nombre de personnes de toutes les conditions prirent part à ce dernier hommage rendu à une éminente vertu. Son éloge était sur toutes les lèvres et sous toutes les formes : « Ah, disait éloquemment à sa manière une excellente et modeste femme, s'il y a autant d'anges dans le convoi qu'il a ouvert de fois son porte-monnaie pour les pauvres, qu'ils doivent être nombreux, et quelle belle suite ils font ! »

Cette *belle suite* était figurée de la manière la plus touchante par la couronne que les pauvres, ces chéris du saint curé, ont fait porter à son enterrement.

Le corps de ce bien-aimé pasteur rentra pour la dernière fois dans cette superbe basilique qu'il avait édifiée. Les magnificences lugubres, la décoration, les chants vraiment inspirés de l'orgue et de l'office, la cérémonie funèbre, toute cette foule pressée, aussi nombreuse qu'à ses noces d'or, c'était un magnifique hommage, qui traduisait, à toucher jusqu'aux larmes, les regrets de toute cette famille paroissiale, dépossédée du meilleur des pères et du plus dévoué des pasteurs.

Qu'il est regrettable qu'un empêchement subit, n'ait pas permis à Mgr de Roséa, auxiliaire de notre Cardinal, d'ajouter par sa présence à la pompe de ces importantes funérailles !

Après les dernières bénédictions de l'Eglise, qui relèvent si haut la dignité d'un enterrement chrétien, après la messe qui fut dite par M. le Curé de Saint-François, et après l'absoute qui fut donnée par l'un de MM. les Vicaires Généraux, le cortège se mit en route pour Loyasse. Les cloches si joyeuses au jour de la cinquantaine, si tristes à cette heure de l'éternelle séparation, n'avaient cessé de sonner depuis la mort de ce regretté père et d'interprêter le deuil public ; à ce moment elles lui dirent un dernier et douloureux adieu.

Arrivé au lieu du repos, le corps de notre cher curé fut placé dans le terrain réservé aux prêtres ; et c'est là dans cette terre si sainte que consacre pour ainsi dire les restes des ministres de Dieu, qu'il attendra non loin de sa famille, non loin de ceux qu'il a aimés et édifiés, le jour glorieux de la résurrection.

Ce même jour, 10 octobre 1886, notre Conseil s'assembla extraordinairement, et s'inspirant des sentiments bien connus de tous les associés de la Bonne-Mort, décida à l'unanimité qu'un service très solennel serait célébré au plus tôt pour l'âme de son dévoué Directeur. Ce service fut fixé au 22 octobre. Ce jour là les confrères se firent un devoir de se réunir aussi nombreux que possible, afin de prier le Seigneur en faveur de celui qui s'était pleinement dévoué à eux et leur avait laissé de si beaux exemples.

Conclusion

Voilà, oh bien chers confrères, ce que notre piété filiale avait à vous dire sur le père que nous pleurons ; et pour conclure maintenant, ajoutons qu'ayant été notre éminent Directeur pendant un demi siècle, la reconnaissance veut que nous ne l'oubliions jamais devant Dieu. D'autre part, aussi, la conviction que nous avons de sa haute sainteté, nous le montre comme un puissant intercesseur qui fera valoir nos prières à la Sainte-Vierge et à Jésus. Entretenons donc avec lui les mystérieux rapports que nous fait connaitre l'enseignement de la foi. Confrères de la Bonne-Mort, nous savons que la tombe ne sépare que les corps, mais qu'elle ne peut désunir les âmes unies en Dieu, et unies à Dieu, où elles se vivifient pour toujours.

Espérons donc arriver par l'heureuse intercession du cher M. Servant, jusqu'à ce terme glorieux qu'il désirait tant nous faire atteindre, et d'où il nous appelle en cet instant; Et comme il se survit dans son digne successeur, venons vite à celui-ci; nous retrouverons en lui, Dieu le veut bien, le père que nous avons perdu. Pour les mêmes besoins, nous aurons de sa part, les mêmes conseils, les mêmes consolations, et les mêmes exemples.

Lui, aussi, il nous aidera à cheminer paisiblement, mais courageusement et en sureté jusqu'au ciel. Un jour, nous retrouverons là-haut, dans cette terre des vivants, tous ceux que nous avons aimés, et qui nous ont été ravis; tous ceux surtout qui à l'exemple de M. Servant, nous aurons montré le bon chemin du salut; et qui en nous y soutenant, par leur tendre sollicitude, auront fait naître en nous une reconnaissance aussi profonde et inaltérable qu'elle aura été bien méritée.

BIBLIOTHÈQUE NATIONALE R.F. IMPRIMÉS

Lyon. — Imprimerie A. ALRICY, Cours Lafayette, 5.

www.ingramcontent.com/pod-product-compliance
Ingram Content Group UK Ltd.
Pitfield, Milton Keynes, MK11 3LW, UK
UKHW020151220726
13923UKWH00001B/477

9 782019 994099